나자렛에서
예루살렘까지

나자렛에서 예루살렘까지

발행일 2024. 5. 18

글쓴이 이창훈
펴낸이 서영주

펴낸곳 성바오로
출판등록 7-93호 1992. 10. 6
주소 서울특별시 강북구 오현로7길 20(미아동)

취급처 성바오로보급소 **전화** 944-8300, 986-1361
팩스 986-1305 **통신판매** 045-2972
E-mail bookclub@paolo.net
인터넷 서점 www.paolo.kr

책값은 뒤표지에 있습니다.
ISBN 978-89-8015-951-2
교회인가 서울대교구 2023. 6. 8 SSP 1094

ⓒ 이창훈, 2024.

성경 ⓒ 한국천주교중앙협의회, 2024.

- 이 책은 저작권법의 보호를 받으므로 무단전재와 무단복제를 금합니다.
  이 책 내용의 전부 또는 일부를 재사용하려면 반드시 저작권자와 성바오로출판사의 동의를 얻어야 합니다.

巡禮 순례 3

나자렛에서 예루살렘까지

글 이창훈

머리말

　가톨릭 평화방송·평화신문(CPBC)에서 30년 동안 신문 기자로 재직하면서 생각지도 않게 7년가량 외도(?)를 했습니다. 성지 순례 인솔자로 서른 번 가까이 해외 순례를 다녀왔습니다. 여행사 전담 직원으로 파견을 간 것도 아니고 평화신문 기자로서 일하면서 마땅한 인솔자가 없을 때 말하자면 대타(?)로 인솔자 역할을 한 것입니다. 그 순례의 체험이 이 책을 쓴 밑거름이 되었습니다.

　성지 순례 인솔자 경험은 제 삶과 신앙에도 적지 않은 영향을 미쳤습니다. 특히 이스라엘 성지 순례는 제 믿음을 더욱 풍성하게 해 주었습니다. 그뿐 아니라 주님이신 예수님께서 어떤 배경에서 어떤 맥락에서 그런 가르침을 주시고 그런 놀라운 일들을 행하셨는지를 새롭게 깨닫게 되었습니다. 다른 한편으로는 함께 순례하는 순례자들에게 어떻게 하면 좀 더 보탬이 될 수 있을지도 더 자주 생각하는 계기가 되었습니다.

　7년의 외도를 마치고 다시 본업인 평화신문 기자로 돌아와 일

하면서 '예수님 이야기'라는 제목으로 신문에 연재 기사를 쓰게 되었습니다. 예수님의 삶과 가르침을 루카 복음을 중심으로 묵상하면서 우리의 삶과 신앙을 성찰하고 새롭게 하자는 취지에서 시작한 기획이었습니다. '예수님 이야기'를 쓰는 내내 루카 복음의 내용과 이스라엘 성지 순례의 체험이 어우러지면서 제게는 또 다른 은총과 축복의 시간이 되었습니다.

마침 월간 『레지오 마리애』 편집팀에게서 이스라엘 성지에 관한 글을 써 달라는 청탁을 받았습니다. 원고를 준비하면서 예수님의 생애를 따라가며 해당 성지를 사진과 함께 소개하면서 독자들이나 순례자들이 한 번쯤 묵상해 보았으면 좋겠다고 생각한 내용을 곁들이려고 했습니다. 이렇게 해서 '예수님 생애를 따라가는 이스라엘 성지'라는 제목으로 『레지오 마리애』에 2018년부터 2019년까지 2년 동안 관련 글을 연재했습니다.

이 책은 이를 일부 수정하고 다듬은 것입니다. 여러 면에서 부

족하지만, 『레지오 마리애』에 연재했을 때 많은 분이 관심과 격려를 보여 주신 데 힘입어 뒤늦게 책으로 내게 되었습니다. 이 자리를 빌려 월간 『레지오 마리애』에 감사드립니다. 사진 자료 등으로 도움을 준 옛 회사 동료들, 특별히 리길재 님과 김원창 님께 고마움을 전합니다. 원고를 보고 흔쾌히 출판해 주신 성바오로출판사 편집장 서영필 신부님과 편집팀에도 감사를 드립니다.

    이 책이 이스라엘 성지 순례를 하려는 분들에게, 또 직접 이스라엘을 순례하지는 못해도 이스라엘 성지를 떠올리며 예수님의 삶과 구원의 신비를 좀 더 묵상하고자 하는 이들에게 조금이나마 도움이 되기를 희망합니다.

2023년 9월

이창훈 알폰소

『길 진리 생명 해설 성경 신약 편』(성바오로), 1039쪽 참조

일러두기

- 성경은 우리말 『성경』(CBCK)을 따랐습니다. 그러나 때로는 독자의 이해를 돕고자 『공동번역 성서』(가톨릭용, 대한성서공회)나 『200주년 신약성서』(분도출판사)를 원용하기도 했습니다.
- 이 책에 나오는 지명이나 인명은 일차적으로 우리말 『주석 성경』(CBCK)을 따랐고, 그 밖의 용어는 국립국어원 외래어 표기법을 따랐습니다.
- 이 책에서 참고한 자료는 다음과 같습니다.

『더 높이 올라』, 데이비드 E. 로시지 글, 이창훈 옮김, 성바오로, 2012.
『신약성서, 영적 독서를 위한 루가 복음』, 알로이스 스퇴거 저, 이창훈 역, 성요셉출판사, 1991.
『성경의 세계와 지도』, 자코모 페레고 지음, 민남현 옮김, 바오로딸, 2007.
『이스라엘 성지, 어제와 오늘』, 정양모·이영헌 지음, 생활성서, 2010.
또한 위키피디아(www.wikipedia.com), 가톨릭백과사전(www.newadvent.org/cathen) 등 온라인 자료도 활용했음을 밝힙니다.

차례

머리말

014. 나자렛의 주님 탄생 예고 대성당
024. 엔 케렘의 마리아 엘리사벳 방문 기념 성당과
     요한 세례자 탄생 기념 성당
034. 베들레헴의 주님 성탄 성당과 목자들의 들판 성당
046. 나자렛의 예수 마리아 요셉의 성가정 성당
056. 예수님이 세례를 받으신 요르단강 건너편 베타니아와
     유혹을 받으신 유다 광야
066. 예수님이 첫 번째 기적을 일으키신
     카나의 혼인 잔치 기념 성당
076. 카파르나움, 예수님 활동의 중심지
086. 예수님께서 희년을 선포하신 나자렛 회당 성당과 절벽산
096. 예수님 활동의 주요 무대인 갈릴래아 호수
106. 행복 선언 산과 기념 성당

- 116. 빵의 기적 기념 성당과 막달라
- 128. 폐허로 변한 코라진과 벳사이다, 쿠르시
- 140. 예수님의 신원이 드러난 카이사리아 필리피와 타보르산
- 150. 자캐오의 도시 예리코
- 160. 라자로를 살리신 동네 베타니아
- 172. 올리브산 정상 주님의 기도 성당과 중턱 주님 눈물 성당
- 182. 벳자타 못과 성녀 안나 성당
- 194. 벳파게와 시온산 2층 방
- 206. 예수님이 피땀 흘리며 기도하시고 붙잡히신 겟세마니
- 218. 시온산 베드로 회개 기념 성당
- 228. 십자가의 길
- 238. 죽음과 부활의 현장 골고타
- 248. 부활하신 예수님을 만난 엠마오와 티베리아스 호숫가
- 258. 올리브산 예수님 승천 경당과 시온산 성모 영면 성당

나자렛의
주님 탄생 예고 대성당

천사는 마리아에게로 가서 "기뻐하소서, 은총을 입은 이여, 주님께서 당신과 함께 계십니다." 하고 말하였다. 마리아는 이 말을 듣고 몹시 당황하며 이 인사말이 무슨 뜻일까 하고 곰곰이 생각하였다. 그러자 천사는 마리아에게 이렇게 말하였다. "두려워하지 마시오, 마리아! 당신은 하느님으로부터 은총을 받았습니다. 두고 보시오. 당신은 잉태하여 아들을 낳을 터이니 그 이름을 예수라 하시오. 그는 크게 되어 지극히 높으신 분의 아들이라 불릴 것입니다. 주 하느님께서 그의 조상 다윗의 옥좌를 그에게 주실 것입니다. 그리하여 그는 영원히 야곱의 가문 위에 군림할 것이며 그의 왕권은 끝이 없을 것입니다."

현대 과학 세계에서는 인류의 역사를 진화의 역사라고 부릅니다. 그리스도교 신앙의 관점에서 보면 인류의 역사는 구원의 역사입니다. 진화의 출발을 빅뱅이라고 한다면, 구원의 출발은 하느님의 창조라 할 수 있을 것입니다. 진화의 정점에 인간이 자리하고 있다면 구원의 정점에는 그리스도교 신자들이 '주님이요 그리스도'라고 고백하는 나자렛 사람 예수가 있습니다. 믿지 않는 이들에게 예수는 좋은 일을 하다가 십자가에 못 박혀 죽은 사형수에 불과할지 모르지만 믿는 이들에게 예수는 하느님이 사람이 되신 분, 곧 "우리와 함께 계시는 하느님"이십니다. 전지전능한 신, 창조주인 하느님이 피조물인 사람이 된다는 것은 상식적으로 이해하기가 정말 어렵습니다. 그래서 이를 그리스도교 신자들은 신비, 특별히 '강생의 신비'라고 부릅니다. 이 강생의 신비가 시작된 역사적 장소가 바로 나자렛입니다. 그 신비를 전하는 성경 말씀은 이렇게 시작합니다.

"여섯째 달에 하느님께서는 가브리엘 천사를 갈릴래아 지방 나자렛이라는 고을로 보내시어, 다윗 집안의 요셉이라는 사람과 약혼한 처녀를 찾아가게 하셨다. 그 처녀의 이름은 마리아였다."(루카 1,26-27)

나자렛. 이스라엘 북부 갈릴래아 호수에서 남서쪽으로 약 25km 쯤 떨어진 나자렛은 이스라엘 최대 곡창 지대인 이즈르엘평야와 호수를 낀 갈릴래아 지방의 경계에 있는 도시입니다. 나자렛에서 시작된 산악 지형은 동쪽으로 한동안 이어지다가 호수 가까이에서 급격히 낮아집니다. 오늘날에는 이스라엘 북부에서 가장 큰 도시로, 아랍인들이 많이 살고 있다고 해서 '이스라엘의 아랍인 수도'라고도 불립니다. 인구는 7만 5000명이 넘고 대부분이 아랍인입니다. 그들 가운데 이슬람교도가 70퍼센트 정도를 차지하고 그리스도인이 30퍼센트 정도 된다고 합니다.

나자렛은 예수님 당시에는 보잘것없는 고을이었습니다. 나자렛에서 5km 정도 떨어진 곳에 기원 후 18년까지 북부 갈릴래아 지방의 수도였던 세포리스가 있었다는 것을 고려한다면, 아주 벽촌은 아니었을 것입니다. 그렇다 하더라도 당시 유다인들에게는 이름 없는 촌락이었음이 분명합니다. 예수님의 제자가 된 필립보가 예수님의 또 다른 제자가 된 나타나엘에게 "우

주님 탄생 예고 대성당 위층 정면

주님 탄생 예고 대성당 아래층 동굴 제대
제대 정면에 라틴어로 '말씀이 이곳에서 살이 되셨다.'라고
새겨져 있다.

동굴 제대가 보이는 주님 탄생 예고 대성당
아래층 전경

리는 예언자를 만났소. 나자렛 사람 예수라는 분이시오."라고 말하자 나타나엘이 "나자렛에서 무슨 좋은 것이 나올 수 있겠소?" 하며 대수롭지 않게 여긴 사실이 이를 잘 보여 줍니다(요한 1,45-46 참조).

이 산골 마을의 처녀 마리아에게 천사가 찾아온 것은 아들을 낳으리라는 말을 전하기 위해서였습니다. 마리아는 약혼한 남자 요셉이 있었으나 아직 혼인하지 않은 처녀였습니다. 처녀의 몸으로 아기를 낳는다는 천사의 말에 마리아는 "남자를 알지 못하는데 어떻게 그런 일이 있을 수 있겠습니까?" 하고 반문하지요. 그러자 천사는 "성령께서 내려오시고 지극히 높으신 분의 힘이 너를 덮을 것이다. 또 태어날 아기는 거룩하신 분, 하느님의 아들이라고 불릴 것이다."라고 대답합니다. 그러고 나서 아기를 못 낳는다고 하는 사촌 엘리사벳이 아기를 가진 지 여섯 달이 됐다는 소식도 전합니다. 그러자 마리아는 이렇게 대답하지요. "주님의 종이오니 말씀하신 대로 저에게 이루어지기를 바랍니다."(루카 1,26-38 참조)

하느님이 사람이 되신 위대한 신비가 이루어진 것은 정확히 이 응답, "말씀하신 대로 제게 이루어지소서."라는 마리아의 응답에 있었습니다. 라틴어로 '피앗'Fiat이라고 하는 이 응답으로 하느님이 사람이 되시어 우리와 함께 계셨습니다. 또 마리아는 구세주의 어머니가 되시고 하느님이 어머니가 되셨습니다. 처녀가 아이를 가진 것이 드러나면 돌팔매질을 당해 죽어야 하는 것을 알면서도 마리아는 "예." 하고 응답한 것입니다.

이 응답으로 산골 마을 나자렛은 오늘날 세계적인 성지가 되었습니다. 아랍인들이 주로 사는 나자렛 저지대의 중심지에는 주님 탄생 예고 기념 대성당이 우뚝 서 있습니다. 원래 5세기쯤에 지어진 기념 성당의 터 위에 지어져 1969년에 완공된 대성당은 2층 구조로 돼 있는데 아래층 왼쪽 중앙에는 옛 성당의 기둥들과 함께 주님 탄생 예고 동굴이 있습니다. 동굴 제대 정면에는 "말씀이 이곳에서 살(사람)이 되셨다."라는 뜻의 라틴어 'VERBUM CARO HIC FACTUM EST'가 새겨져 있지요.

성당 위층과 성당 마당의 벽면에는 세계 각국의 예술가들이 자기 나라의 고유한 양식을 반영한 성모자상을 모자이크로 표현해 놓았습니다. 서울대 교수를 지낸 고故 이남규(1931~1993) 화백이 작업한 우리나라의 한복 입은 성모자 모자이크화도 '평

한복 입은 성모자 모자이크화(가운데)

화의 모후여 하례하나이다'라는 글씨와 함께 마당 벽면에 걸려 있습니다.

2층 성당을 통해 밖으로 나오면 고고학적 탐사를 통해 발굴된 여러 동굴과 곡식 저장소, 기름과 포도즙을 짜는 확 같은 유적이 유리 칸막이 아래에 보입니다. 마당 한쪽에는 천사가 마리아에게 예수님의 탄생을 예고하는 모습을 표현한 청동상이 말없이 순례객을 반깁니다. 반대편 성당 마당 벽면의 성모자 모자이크화들이 있는 끝으로 가면 2018년에 성인으로 선포된 바오로 6세 교황(재위 1963~1978)이 1964년 역사적인 예루살렘 방문 기간에 정교회 총대주교 아테나고라스 1세(1886~1972)와 만나는 모습을 표현한 조각상도 볼 수 있습니다.

주님 탄생 예고 대성당에서 북쪽으로 400m쯤 떨어진 곳에는 큰길 바로 옆에 마리아의 샘이 있습니다. 마리아가 물을 길었다는 샘입니다. 어쩌면 아들 예수도 데리고 말입니다. 마리아의 샘에는 18세기에 세워진 정교회 성당이 있습니다. 정교회에서는 이곳을 주님 탄생 예고 기념 성당으로 여기고 있지요.

나자렛을 순례할 때는 주님 탄생 예고 기념 대성당을 반드시 방문하게 됩니다. 아름다운 성당의 안팎을 감상하면서 동굴 제대 앞에서 기도하는 것을 빼놓지 말았으면 합니다. 2000여 년 전 강생의 신비를 묵상하면서, 오늘 내 안에서 그 신비가 이루어지기를 간절히 기도하는 것도 필요하겠지요. 그리스도교 신자인 우리가 삶을 통해 말과 행동으로 그리스도를 모시고 그리스도를 드러내 보이고 그리스도를 전할 수 있도록 말입니다.

나자렛의 주님 탄생 예고 대성당

엔 케렘의 마리아 엘리사벳 방문 기념 성당과 요한 세례자 탄생 기념 성당

"찬양받으소서, 이스라엘의 하느님이신 주님! 그분은 정녕 당신 백성을 찾아와 속량하시고 당신 종 다윗 가문에서 우리를 위해 구원의 뿔을 일으키셨도다. 예로부터 그 거룩한 예언자들의 입을 통하여 말씀하신 대로 우리 원수들에게서, 우리를 미워하는 모든 무리의 손에서 우리를 구원하셨도다. 우리 조상들에게 자비를 베푸시고 당신의 거룩한 계약을 기억하셨도다. 이는 우리 조상 아브라함에게 다짐하신 맹세이니, 우리가 원수들의 손에서 구원되어 두려움 없이 당신을 섬기도록, 한평생 당신 앞에서 거룩하고 의롭게 섬기도록 우리를 이끌어 주셨노라 다짐하신 맹세로다. 아기야, 너는 지극히 높으신 분의 예언자라 불리리니 과연 네가 주님보다 먼저 와서 그분의 길을 마련하여 자기들 죄를 용서받음으로 구원됨을 당신 백성에게 주리로다. 우리 하느님의 자비로운 은총으로 말미암아 높은 데서 별이 우리를 찾아와 어둠 속 죽음의 그늘에 앉아 있는 이들에게 나타나고, 우리의 발걸음을 평화의 길로 인도하시리로다."

"마리아께서 엘리사벳을 찾아보심을 묵상합시다."

묵주 기도 환희의 신비 2단입니다. 이 내용을 루카 복음은 다음과 같이 시작합니다. "그 무렵에 마리아는 길을 떠나, 서둘러 유다 산악 지방에 있는 한 고을로 갔다. 그리고 즈카르야의 집에 들어가 엘리사벳에게 인사하였다."(루카 1,39-40) 즈카르야는 사제로 엘리사벳과 부부입니다. 두 사람은 흠 없이 살아가는 부부였지만 늘그막에도 아이가 없었습니다. 어느 날 즈카르야가 성전 당번이 되어 성소에서 분향하는데 가브리엘 천사가 나타나 엘리사벳이 아기를 가질 터이니 아이 이름을 요한으로 하라고 전합니다. 깜짝 놀라서 믿으려 하지 않다가 즈카르야는 그만 말을 못 하게 되고 맙니다. 그러나 엘리사벳은 천사의 예고대로 아기를 잉태했고 다섯 달 동안 숨어 지내지요(루카 1,5-25 참조).

마리아는 사촌 언니 엘리사벳이 아기를 가졌다는 사실을

마리아 엘리사벳 방문 기념 성당

가브리엘 천사를 통해 알게 됩니다. 자신 또한 처녀의 몸으로 아들을 낳으리라는 놀라운 예고를 받은 터라, 마리아는 엘리사벳이 늘그막에 아기를 갖게 된 사연을 비롯해 여러 가지가 무척 궁금했을 것입니다. 한편으로는 아기를 가져 힘들어하는 언니를 도우려는 생각도 있었겠지요. 그래서 엘리사벳을 만나려고 길을 서두릅니다.

즈카르야와 엘리사벳이 살았던 유다 산악 지방의 고을은 오늘날 엔 케렘(히브리어) 또는 아인 카림(아랍어)이라는 동네로 전해집니다. 이곳은 예루살렘에서 남서쪽으로 7~8㎞ 떨어진 아랍인 마을입니다. '산악 지방'이라는 복음서의 설명처럼 산들로 둘러싸인 한적한 곳입니다. 예루살렘에서는 그다지 멀지 않지만 나자렛에서는 120㎞ 이상 떨어진 곳입니다. 마리아가 서둘러 간다고 해도 사나흘은 족히 걸립니다.

복음서(루카 1,41-56 참조)는 마리아의 인사를 받았을 때 엘리사벳의 태 안에 있는 아기가 기뻐 뛰놀았고 엘리사벳은 이렇게 외쳤다고 전합니다. "내 주님의 어머니께서 저에게 오시다니 어찌 된 일입니까. 행복하십니다. 주님께서 하신 말씀이 이루어지리라고 믿으신 분!" 그러자 마리아는 "내 영혼이 주님을 찬송하며…" 하고 노래합니다. '마니피캇'Magnificat이라고도 하는 저 유명한 '마리아의 노래'지요. 마리아는 석 달가량 엘리사벳과 함께 지내다가 자기 집으로 돌아갔다고 합니다. 엘리사벳이 해산할 즈음까지 함께 지냈을 것입니다.

엔 케렘 마을 가운데 있는 공용 주차장에서 남쪽으로 1km 남짓 오르막길을 따라가면 언덕 위에 종탑과 어우러진 아름다운 성당이 우뚝 서 있습니다. 1955년 완공된 이 성당이 마리아 엘리사벳 방문 기념 성당입니다. 마리아가 엘리사벳을 찾아가는 모습을 표현한 성당 정면의 모자이크화가 순례객들의 눈길을 잡아당깁니다.

성당 앞마당에는 마리아와 엘리사벳이 만나는 모습의 청동상이 서 있고, 마당 벽면에는 세계 각국의 언어로 '마리아의 노래'를 적은 타일들이 붙어 있습니다. 한글로 쓰인 '마리아의 노래'도 보입니다. 대구대교구장을 지낸 고故 이문희 대주교(1935~2021)의 선친 고故 한솔 이효상(1906~1989, 아퀼로) 선생의 친필 글씨라고 합니다.

성당은 2층으로 되어 있고, 1층 경당에는 아치형 통로가 끝나는 곳에 오래된 우물이 있습니다. 마리아가 엘리사벳을 만났을 때 바위에서 샘물이 솟은 자리라고 하지요. 1층에는 또 큰 바위가 옮겨져 있는데 헤로데 대왕이 무죄한 어린아이들을 학살했을 때(마태 2,16-18 참조), 엘리사벳이 어린 요한을 숨겼던 바위라고 전해집니다.

성당 앞마당에 있는 마리아와 엘리사벳의 청동상과 각 나라 언어로 된 '마리아의 노래'(마니피캇)가 붙어 있는 마당 벽면

요한 세례자 탄생 기념 성당

    루카 복음은 또한 엘리사벳이 해산했을 때의 이야기도 전합니다. 엘리사벳이 아들을 낳았을 때 동네 사람들과 친척들은 아기 이름을 아버지의 이름을 따 즈카르야라고 부르려고 했습니다. 그러나 엘리사벳이 요한이라고 해야 한다고 반대했고, 아버지 즈카르야가 글 쓰는 판에 '아기 이름은 요한'이라고 쓰자 즉시 혀가 풀려 "주 이스라엘의 하느님께서는 찬미받으소서." 하고 노래합니다(루카 1,57-79 참조). 성직자와 수도자들이 시간 전례(성무일도) 아침 기도 때마다 바치는 '즈카르야의 노래'이지요.

    엔 케렘에는 남쪽 언덕 등성이의 마리아 엘리사벳 방문 기념 성당 외에 언덕 아래로 마을 중심 인근에 요한 세례자 탄생

엔 케렘의 마리아 엘리사벳 방문 기념 성당과 요한 세례자 탄생 기념 성당

요한 세례자가 탄생한 곳임을 알리는
라틴어 글이 새겨져 있는 지하 동굴 제대

'이곳에서 주님의 선구자가 태어나다'

기념 성당도 있습니다. 비잔틴 시대와 십자군 시대 때의 성당 터에 프란치스코회* 수사들이 17세기에 세웠고, 19세기 말에 개축해 오늘에 이릅니다.

성당 안에는 요한 세례자에게 봉헌된 제대와 엘리사벳 성녀에게 봉헌된 제대가 있습니다. 그리고 왼쪽에 있는 계단을 따라 내려가면 동굴 제대가 있는데 제대 아래에는 둥근 대리석 판에 '이곳에서 주님의 선구자가 태어나다'라는 글이 라틴어로 새겨져 있어 요한 세례자가 탄생한 곳임을 알려 줍니다. 즈카르야와 엘리사벳이 살았던 집터의 일부로 추정됩니다. 성당 마당 벽면에는 '즈카르야의 노래'가 한글을 포함해 각 나라 언어로 역시 타일에 적혀 있습니다. 요한 세례자 탄생 당시의 상황을 머

---

* 이 책 전체에서 프란치스코회는 이스라엘 성지를 관리하고 있는 '작은형제회'를 지칭한다.

릿속에 그려 보며 벽면에 적힌 '즈카르야 노래'를 찬찬히 따라 읽어 보십시오. 형언할 수 없는 벅찬 감정이 뭉클거리며 올라올 것입니다.

요한 세례자 탄생 기념 성당 마당 벽면 타일에 적힌 '즈카르야의 노래'

엔 케렘은 오늘날 이웃 주민을 포함해 2000명 정도가 사는 크지 않은 동네인데, 해마다 300만 명 이상의 순례객이 찾는 성지입니다. 주차장에서 내려 엘리사벳 방문 기념 성당을 찾아 오르는 언덕길은 가팔라서 서두르면 건강한 사람도 금방 숨이 찹니다. 마리아는 수백 리 길을 서둘러 왔지만 서두르지 말고 유다 산악 지방의 풍광도 감상하면서 천천히 오르는 게 좋습니다. 그러면서 마리아의 심정을 헤아리고 두 사람이 만나는 모습을 그려 본다면 그 또한 좋은 순례가 될 것입니다. 언덕을 오르기 전 길가에 있는 마리아의 샘도 놓치지 마십시오. 마리아가 엘리사벳을 만나러 가는 길에 갈증 난 목을 축였다는 샘인데, 물론 지금은 오염되어 식수로는 사용할 수 없게 되어 버렸습니다.

엔 케렘의 마리아 엘리사벳 방문 기념 성당과 요한 세례자 탄생 기념 성당

베들레헴의 주님 성탄 성당과 목자들의 들판 성당

그 지방에는 목자들이 있었는데 그들은 들에서 지내며 밤에 자기들의 양 떼를 지키고 있었다. 그런데 주님의 천사 한 분이 그들에게 다가오고 주님의 영광이 그들을 에워싸듯 비추자 그들은 몹시 집을 먹고 두려워하였다. 그러자 천사가 그들에게 말하였다. "두려워하지 마시오. 이제 모든 백성에게 큰 기쁨이 될 복음을 여러분에게 알립니다. 오늘 다윗의 고을에 여러분을 위해 구원자가 나셨으니 그분은 그리스도 주님이십니다. 여러분은 한 갓난아기가 포대기에 싸여 구유에 누워 있는 것을 보게 될 터이니 이것이 곧 여러분을 위한 표징입니다." 그리고 갑자기 그 천사 곁에 수많은 하늘 군대가 나타나 하느님을 찬양하며 말했다. "지극히 높은 곳에서는 하느님께 영광, 땅에서는 그 사랑받는 사람들에게 평화!"

베들레헴은 예루살렘에서 남쪽으로 약 10km 떨어진 곳에 있는 작은 도시입니다. 일대는 해발 700m가 넘는 산지입니다. 그렇지만 우리나라 산지와 달리 완만한 구릉지로 이루어져 있습니다.

'빵집'(히브리어, 아람어) 혹은 '고깃집'(아랍어)이라는 뜻을 지닌 베들레헴은 구약의 이스라엘 역사에서 가장 위대한 임금인 다윗 왕의 고향입니다. 다윗은 베들레헴 들판에서 양을 치는 목동이었는데 예언자 사무엘에 의해 사울에 이어 이스라엘을 다스릴 두 번째 왕으로 지목됩니다(1사무 16,1-13 참조).

그러나 베들레헴이 오늘날 세계적으로 유명한 성지가 된 것은 바로 예수 그리스도께서 태어나신 곳이기 때문입니다. 이 사실을 마태오 복음서는 "예수님께서는 헤로데 임금 때에 유다 베들레헴에서 태어나셨다."(마태 2,1) 하고 간단히 전하는 반면, 루

카 복음서는 비교적 자세하게 기록합니다. "요셉도… 유다 지방, 베들레헴이라고 불리는 다윗 고을로 올라갔다. …그들이 거기에 머무르는 동안 마리아는 해산 날이 되어, 첫아들을 낳았다. 그들은 아기를 포대기에 싸서 구유에 뉘었다. 여관에는 그들이 들어갈 자리가 없었던 것이다."(루카 2,4-7)

초기부터 전해 오는 전승에 따르면, 예수님은 베들레헴의 한 동굴에서 태어나셨다고 합니다. 이 일대에는 지금도 자연 동굴이 군데군데 있는데, 예수님 시대에는 이 동굴들을 주거용으로 사용하기도 했다고 합니다. 또 목동들이 비나 추위를 피하는 곳으로도 쓰였습니다.

이렇게 예수님께서 탄생하셨다고 전해지는 동굴 위에 주

주님 탄생 동굴 경당의 14각형 별자리로 표시된
예수님 탄생 자리

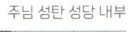

주님 성탄 성당 내부

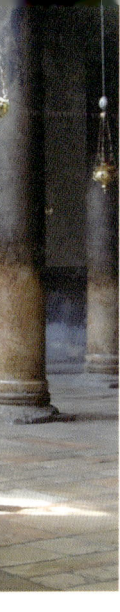

님 성탄을 기념하는 성당이 있습니다. 이 성당은 오랜 역사를 지닙니다. 로마 제국의 황제 콘스탄티누스가 313년 그리스도인들에게 신앙의 자유를 허용한 후, 황제의 어머니 성녀 헬레나(248?~329?)가 베들레헴으로 순례를 와서 예수님께서 탄생하셨다는 동굴을 참배하고 동굴 위에 성당을 짓게 했습니다. 339년 이 첫 번째 성당은 콘스탄티누스 황제의 이름을 따서 봉헌되었지만 불에 타 버렸습니다. 510년 대지진 때 불이 났다는 설도 있고 529년 사마리아인들이 폭동을 일으켰을 때 불에 탔다는 설도 있습니다. 다행히 성당 바닥을 장식했던 모자이크의 일부가 현재의 성당 중앙 바닥에 남아 있어 순례자는 아름다운 모자이크 장식을 볼 수 있습니다.

현재의 성당은 유스티니아누스 대제(재위 527~565) 때 완공됐습니다. 그래서 유스티니아누스 성당이라고도 하지요. 1500년이라는 세월이 흘렀으나 성당은 내부 장식 등 일부를 제외하고는 원형을 거의 그대로 유지하고 있습니다. 여기에는 흥미로운 일화가 전해집니다. 7세기 초 페르시아 군대가 이스라엘을 침범해 전 지역의 성당들을 파괴했는데 베들레헴의 이 성당만은 그냥 두었다고 하지요. 성당 안에 아기 예수를 참배하러 온 동방박사들의 그림이 있었는데 페르시아인 복장을 하고 있어서 페르시아 장수가 그것을 보고 감동해 오히려 참배하고 돌아갔다고 합니다.

주님 성탄 성당 입구 겸손의 문

주님 성탄 성당은 베들레헴 중심부에 있습니다. 베들레헴 종합 터미널에 내려서 5분 남짓 언덕길을 올라가면 오른쪽으로 커다란 광장이 나옵니다. '구유 광장'이라고도 하는 이곳 왼쪽에 주님 성탄 성당이 있습니다. 오른쪽으로 성벽처럼 보이는 아르메니아 수도원을 끼고 있는 성당 안으로 들어가려면 '겸손의 문'이라고 부르는 작은 문을 통과해야 합니다. 허리를 굽히고 고개를 숙여야만 들어갈 수 있어서 그렇게 부르지요.

성당 안에는 좌우 두 줄로 한 줄에 10개씩 돌기둥이 지붕을 받치고 있습니다. 이 성당은 그리스 정교회가 관리합니다. 그래서 중앙 제대와 오른쪽 제대는 그리스 정교회 식으로 꾸며져 있습니다. 아르메니아 정교회도 중앙 왼쪽에 제대를 꾸며 사용하고 있지요. 중앙 제대 바로 뒤 오른쪽과 왼쪽에 아래로 이어지는 계단이 있습니다. 이 계단을 내려가면 예수님께서 탄생하셨다고 전해지는 동굴이 있습니다. 동굴 대리석 바닥에는 백동으로 된 14각형의 별이 있습니다. 14는 아브라함부터 다윗까지의 14대, 다윗부터 바빌론 유배까지의 14대 그리고 그 이후 그리스도까지 14대를 나타내며(마태 1,17 참조), 또한 십자가의 길 14처를 뜻하기도 합니다. 별에는 'Hic de Virgine Maria Jesus Christus Natus est'라는 라틴어 글이 새겨져 있는데, "이곳에서 예수 그리스도께서 동정녀 마리아에게서 탄생하셨다."라는 뜻입니다. 이 탄생 동굴 역시 그리스 정교회가 관할합니다.

유서 깊은 주님 성탄 성당 순례를 마치고 돌아 나오면 바로 옆에 근대식 성당을 볼 수 있습니다. 1881년 프란치스코회 수도자들이 세운 가타리나 성당입니다. 해마다 성탄 때면 예루살렘 총대주교가 집전하는 성탄 자정 미사가 전 세계에 중계되는 바로 그 성당이지요.

가타리나 성당에서 지하로 이어지는 계단을 따라 내려가면

가타리나성당 정문

가타리나 성당 지하의 예로니모 동굴

여러 동굴을 만나게 되는데 그 가운데 하나가 예로니모 동굴 경당입니다. 이곳에서 은수 생활을 시작해 34년 동안 지내면서 히브리어와 그리스어로 쓰인 신구약 성경을 '불가타'라고 하는 대중 라틴어로 완역한 예로니모(347~419) 성인의 이름을 딴 동굴입니다. 이 불가타 역 성경은 교회에서 전례용으로 사용하는 공식 성경이지요.

베들레헴의 중심부인 구유 광장에서 동쪽으로 2㎞ 남짓 떨어진 외곽 지역에 '목자들의 들판'이 있습니다. 예수님이 탄생하셨을 때 양들을 치던 목자들에게 천사가 나타나 예수님의 탄생을 알렸다는 지역인데, 헬레나 성녀 시대에 이미 이곳에는 기념 성당이 있었다고 합니다. 4~6세기 것으로 보이는 모자이크 흔적이 이를 말해 줍니다. 프란치스코회 수사들은 1950년대에 이 지역에서 옛 성당과 수도원 유적을 발굴하면서, 베두인족의 천막 형태로 된 현대식 성당을 지었습니다. 그리고 주변의 자연 동굴 두 곳을 순례자들이 미사를 드릴 수 있는 경당으로 조성했습니다. 이곳 동굴들을 보면 2000년 전 초라한 구유에 누워 계신 아기 예수님의 모습을 생생하게 떠올릴 수 있습니다.

오늘날 베들레헴은 이스라엘이 아닌 팔레스타인 정부가 관할합니다. 그래서 베들레헴을 순례하려면 이스라엘과 팔레스타

목자들의 들판 성당

목자들의 들판 자연 동굴 경당

인을 갈라놓는 거대한 장벽을 통과해야 합니다. 이스라엘 군인들의 철저한 검문을 받아야 하는 것은 물론이지요. 하느님과 사람, 사람과 사람 사이의 화해와 일치를 위해 자신을 내놓으신 평화의 왕께서 태어나신 베들레헴을 순례하는 초입에서부터 대립과 분열, 갈등과 반목이 엄존하는 현장을 본다는 것은 가슴 아픈 일이 아닐 수 없습니다.

그러나 아기 예수님이 태어나신 그 역사의 현장을 보기 위해서는 고개를 숙이고 허리를 낮추어 겸손의 문을 통과해야 하고 거기에서 다시 지하 동굴로 내려가야 하며 그것도 모자라 다시 고개를 더 숙여야 탄생 자리의 별을 만져 볼 수 있다는 사실 자체가 화해와 일치, 평화를 이루려면 어떤 자세로 어떻게 살아야 하는지를 알려 줍니다. 가타리나 성당 지하의 예로니모 동굴 또한 그리스도인 삶의 나침반이 바로 살아 있는 하느님의 말씀인 성경임을 새롭게 되새기게 합니다.

나자렛의
예수 마리아 요셉의
성가정 성당

시므온은 영에 이끌리어 성전으로 갔다. 부모가 아기에 관한 율법 규정을 지키려고 아기 예수를 데리고 오자 시므온은 아기를 두 팔로 안고 하느님을 찬양하여 이렇게 말했다. "주재자시여, 당신께서 말씀하신 대로 이제야 당신 종을 평안히 놓아 주시나이다. 과연 제 눈으로 당신의 구원을 보았사오니 이는 친히 모든 백성 앞에 마련하신 것, 이방 민족들에게는 계시하는 빛이요. 당신 백성 이스라엘에게는 영광이 되는 것이다." 아기의 아버지와 어머니는 아기를 두고 하는 이 말을 듣고 이상하게 여겼다. 시므온은 그들을 축복하고 아기 어머니 마리아에게 말하였다. "두고 보시오. 이 아기로 말미암아 이스라엘에서 많은 사람들이 넘어지기도 하고 다시 일어서기도 하며, 또 이 아기는 배척당하는 표징이 될 것입니다. 그래서 당신의 영혼을 칼이 꿰뚫을 것입니다. 그리하여 많은 사람들의 속생각이 드러날 것입니다." 그들은 주님의 법대로 모든 일을 마치고 나서 갈릴래아로 떠나 그들의 고을 나자렛으로 돌아갔다. 아기는 자라면서 지혜로 가득 차서 튼튼해지고 하느님의 총애가 그에게 내렸다.

베들레헴에서 아들 예수를 낳은 마리아와 요셉은 고향 나자렛으로 돌아갑니다. 루카 복음서는 "아기는 자라면서 튼튼해지고 지혜가 충만해졌으며, 하느님의 총애를 받았다."(2,40)라고 전합니다. 시간이 흘렀습니다. 아기 예수는 어느덧 열두 살 소년이 되었습니다. 마리아와 요셉이 아들과 함께 예루살렘으로 순례를 갔다가 아들을 잃어버렸습니다. 사흘 만에 성전에서 찾아낸 아들은 율법 교사들과 대화를 나누고 있었습니다. 소년 예수의 말을 듣는 이들은 모두 그의 슬기로운 답변에 경탄합니다. 루카 복음사가는 이 일화를 전하면서 이렇게 덧붙입니다. "예수님은 부모와 함께 나자렛으로 내려가, 그들에게 순종하며 지냈다. 예수님은 지혜와 키가 자랐고 하느님과 사람들의 총애도 더하여 갔다."(2,51-52)

예수님이 요셉과 마리아에게 순종하며 어린 시절을 보낸 나자렛에는 이를 기념하는 작은 성당이 있습니다. 예수 마리아 요셉이 성가정을 이루고 살았던 집 위에 세워졌다고 해서 성가정 성당이라고도 하고, 목수인 요셉의 작업장이 있던 터 위에 세워졌다고 해서 성 요셉 성당이라고도 합니다. 이스라엘의 여러 성지 성당 가운데 요셉 성인을 기념하는 유일한 성당입니다. 이 성당은 주님 탄생 예고 대성당에서 북쪽으로 100m쯤 떨어진 곳에 있습니다. 주님 탄생 예고 대성당의 위용에 가려 잘 드러나지도 않지요. 그 모습이 예수님과 성모님에 가려 잘 드러나지 않는 요셉 성인과 꼭 닮은 것 같습니다. 요셉 성인이 예수님과 마리아를 묵묵히 지키면서 성가정의 수호성인이 된 것처럼, 이 작은 성당은 사람들의 눈에 잘 띄지 않는 곳에서 주님 탄생 예고 대성당을 말없이 지켜 주고 있다고 한다면 지나친 생각일까요?

성가정 성당 가까이에 가면 오른쪽 외벽 전면이 먼저 들어옵니다. 벽에는 소박한 모습의 예수 마리아 요셉의 성가정 석상이 찾아오는 순례자들을 말없이 내려다보고 있습니다. 왼쪽으로 돌아 정문을 통해 성당에 들어서면 제대 뒤편 중앙에 예수 마리아 요셉의 성가정 그림이 있습니다.

제대 오른쪽에는 요셉이 꿈을 꾸는 장면이 그려져 있지요. 꿈을 꾸는 요셉과 관련해 성경이 전하는 내용을 잠깐 살펴보는 것도 좋을 듯합니다. 마리아의 약혼자 요셉은 마리아가 아기

나자렛의 예수 마리아 요셉의 성가정 성당

나자렛 성 요셉 성당 지하

를 잉태한 사실을 알았습니다. 약혼한 여자가 자기와 살기도 전에 아기를 가졌다는 사실이 요셉에게는 큰 충격이었을 것입니다. 그래서 요셉은 남몰래 파혼하기로 작정합니다. 남몰래 파혼하기로 마음먹은 것은 요셉이 의로운 사람이었을 뿐 아니라 마리아의 일을 세상에 드러내고 싶지 않았기 때문입니다. 하지만 꿈에 두려워하지 말고 마리아를 아내로 맞아들이라는 천사의 말을 듣고는 그대로 따릅니다(마태 1,18-25 참조). 아기를 가져 아들을 낳을 것이라는 천사의 알림에 처녀 마리아가 "저는 주님의 종입니다. 말씀하신 대로 저에게 이루어지기를 바랍니다."(루카 1,38) 하고 응답한 것처럼 요셉도 그렇게 응답한 것입니다. 요셉이 천사의 말을 듣고도 마리아를 아내로 맞아들이지 않았다면 어떻게 되었을까요? 마리아는 불륜을 저지른 여인으로 당시

마리아와 요셉의 약혼

요셉의 임종

율법에 따라 돌팔매질로 죽임을 당했을지도 모를 일입니다.

　제대 왼쪽 벽면에는 예수와 마리아의 품에 안겨 숨을 거두는 요셉의 임종을 그린 그림이 있습니다. 아들과 아내의 품에서 조용히 임종하는 남편이 있다면 행복한 남편일 것입니다. 하물며 하느님의 아들 예수와 하느님의 어머니인 마리아의 품에서 숨을 거두는 요셉의 임종은 얼마나 복된 임종이겠습니까. "의로운 사람"(마태 1,19) 요셉은 임신한 마리아를 아내로 맞아들이는, 인간적으로는 감당하기 힘든 일을 의로움과 믿음으로 받아들였기에 복된 임종을 맞을 수 있었을 것입니다. 그래서 교회는 요셉을 임종하는 이들의 수호성인으로 모시고 있지요.

　성당 안에서 계단을 따라 내려가면 대형 동굴 같은 지하에 세례 터 흔적이 있고 바닥에는 모자이크화도 보입니다. 이 유적

성가정 성당 지하의 옛 유례 터 흔적

은 콘스탄티누스 황제 이전 시기 그리스도인들이 사용했던 것으로 추정하고 있습니다. 순례자들이 미사를 드리거나 기도를 바칠 수 있는 작은 경당도 갖추어져 있는데, 창문을 장식한 스테인드글라스가 특히 눈길을 끕니다. 요셉의 꿈, 요셉과 마리아의 약혼, 요셉의 임종을 묘사한 그림들입니다. 성당 안의 그림들과는 또 다른 분위기로 순례자들의 발걸음을 멈추게 합니다.

그 아래 지하층에는 옛날 이 지역에 살았던 이들이 사용한 곡식 저장고, 물 저장고 같은 시설들이 있습니다. 예수 마리아 요셉의 성가정이 살던 당시의 생활 모습을 그려 볼 수 있게 합니다.

성 요셉 성당이라고도 하는 성가정 성당의 지하가 정말로 성가정이 살았던 집과 요셉의 작업장 터인지는 확실하지 않습니다. 설령 그렇다 하더라도 목수인 요셉은 오늘날 우리가 생각하는 그런 목공업을 한 것 같지는 않습니다. 작업장 터는 목공을 위한 작업장이기보다는 석공을 위한 작업장에 가깝기 때문이지요. 하지만 '목수'로 번역되는 그리스어는 목공을 하는 사람뿐 아니라 돌을 다듬거나 쌓는 석공을 하는 사람을 뜻한다고 합니다. 그렇다면 요셉은 목수일 뿐 아니라 석공 일을 했다고도 볼 수 있지 않을까요? 어쨌든 이 작업장 터를 통해 적어도 요셉이 당시에 어떻게 일을 했는지 헤아려 볼 수는 있을 것 같습니다. 나자렛은 작은 마을이어서 일거리가 충분치 않았을 수도 있습니다. 그래서 요셉은 5㎞쯤 떨어진 도시 세포리스에 가서도 일했으리라고 추정합니다. 세포리스는 당시 갈릴래아 지방의 수도로 큰 도시였고 당연히 일거리가 많았을 테니까요.

성가정 성당은 웅장하지도 않고 화려하지도 않습니다. 그러나 성가정 성당과 그 지하의 유적은 성가정을 가꾸어 간 예수 마리아 요셉의 삶을 더듬어 묵상하고 오늘을 사는 우리 가정의 삶을 다시 성찰할 수 있는 더없이 좋은 순례 성지입니다. 나자렛을 순례하신다면 이 성당에서 충분한 시간을 가지시기를 바랍니다.

예수님이 세례를 받으신 요르단강 건너편 베타니아와 유혹을 받으신 유다 광야

그리하여 밤낮 사십 일을 단식하시니 마침내 허기지셨다. 그러자 유혹하는 자가 다가와서 예수께 "당신이 하느님의 아들이거든 이 돌들이 빵이 되라고 해 보시오." 하고 말했다. 예수께서 대답하여 "성경에 '사람이 빵으로만 살지 못하고 하느님의 입에서 나오는 모든 말씀으로 살리라.'고 기록되어 있다." 하고 말씀하셨다. 그때에 악마는 그분을 거룩한 도시로 데리고 가서 그분을 성전 꼭대기에 세우고 말했다. "당신이 하느님의 아들이거든 아래로 몸을 던지시오. '하느님께서 그대를 위해 당신 천사들에게 명하시리라.' 또한 '그들은 손으로 그대를 받들어 그대의 발이 돌에 다치지 않게 하리라.'고 기록되어 있소." 예수께서 악마에게 말씀하셨다. "'너의 하느님이신 주님을 떠보지 말라.'고도 기록되어 있다." 악마는 다시 예수를 매우 높은 산으로 데리고 가서 세상의 모든 나라와 그 영광을 그분에게 보여 주며 이렇게 말했다. "당신이 내게 엎드려 절하면 이 모든 것을 당신에게 주겠소." 그때에 예수께서 그에게 말씀하셨다. "물러가라, 사탄아! '너의 하느님이신 주님에게 엎드려 절하고 오직 그분만을 섬겨라.'고 기록되어 있다." 이에 악마는 그분을 떠나가고 천사들이 다가와서 그분의 시중을 들고 있었다.

"그 무렵 예수님께서 갈릴래아 나자렛에서 오시어 요르단에서 요한에게 세례를 받으셨다. 그 뒤에 성령께서는 곧 예수님을 광야로 내보내셨다. 예수님께서는 광야에서 사십 일 동안 유혹을 받으셨다."(마르 1,9.12-13)

마태오, 마르코, 루카 세 복음서는 모두 예수님의 세례와 광야 유혹에 관해 이야기합니다. 복음서 가운데 가장 먼저 쓰인 마르코 복음은 예수님의 세례 때 있었던 두 가지 사건을 소개합니다. 하나는 예수님 자신의 체험입니다. 곧 "하늘이 갈라지며 성령께서 비둘기처럼 당신께 내려오시는 것을 보셨다."(1,10)라는 것입니다. 다른 하나는 하늘에서 "너는 내가 사랑하는 아들 내 마음에 드는 아들이다."(1,11) 하는 소리가 들려왔다는 것입니다. '예수님께서 소리를 들으셨다'가 아니라 '하늘에서 소리가 들려왔다'는 것은 예수님만이 아니라 다른 사람들에게도 그 소리가

이스라엘 지역에서 본 요르단강 세례 터

들렸다는 것을 나타냅니다. 그렇다면 예수님의 세례는 예수님 자신이 하느님의 아들이심을 개인적으로 체험한 사건일 뿐 아니라 사람들 또한 예수님이 하느님의 아들이심을 알게 된 사건이라고 할 수 있습니다.

예수님이 세례를 받으신 곳은 요르단강 어디쯤일까요? 요한 복음(1,18)을 참고하면 '요르단강 건너편 베타니아'입니다. 이 베타니아는 나병 환자 시몬이 살았고 라자로와 그의 두 여동생 마르타와 마리아가 살던 베타니아와는 다른 곳입니다. 요르단강 건너편 베타니아는 오늘날 이스라엘이 아니라 요르단에 있는 지역입니다.

요르단강의 발원지는 시리아에 있는 헤르몬산입니다. 해발

2814m인 헤르몬산의 눈이 녹아 땅속으로 스며들었다가 솟아올라 상부 요르단을 이룹니다. 상부 요르단의 물길은 갈릴래아 호수를 거쳐 계속 내려와 사해로 흘러들지요. 갈릴래아 호수와 사해를 잇는 요르단강은 오늘날 이스라엘과 요르단의 국경선 역할을 하고 있습니다. 요르단강 건너편 베타니아는 이스라엘 쪽에서 봤을 때 부르는 명칭입니다. 사해 북쪽으로 8㎞ 정도 떨어진 곳입니다.

'와디 알 카라르'라고 부르는 이곳이 정말 예수님께서 요한 세례자에게 세례를 받은 베타니아인지에 대해서는 학자들마다 의견이 조금씩 다르지만, 순례자들은 보통 이곳을 순례합니다. 베타니아에는 로마 시대와 비잔틴 시대의 것으로 여겨지는 성당과 기도소, 세례 터 같은 그리스도교 유적이 20곳 이상 있습니다. 지난 2000년 대희년에 당시 교황인 요한 바오로 2세 성인이 방문해서 미사를 집전한 곳도 이곳입니다. 순례자들은 베타니아에서 요르단 강물에 몸을 담그는 예식이나 강물을 이마에 붓는 예식을 통해 예수님의 세례를 기억하면서 자신의 세례를 갱신합니다. 그러나 요르단을 순례하지 않고 이스라엘만 순례하는 순례자들을 위해 이스라엘 당국은 베타니아 맞은편 이스라엘 쪽에 세례 터를 조성해 놓았습니다.

요르단강 동쪽 베타니아(요르단 지역)에서 순례하든 맞은편

요르단 베타니아에 있는 정교회 성당

예수님의 세례 장면을 묘사한 그림

베타니아

요르단강 서안(이스라엘 지역)에서 순례하든 큰 차이는 없다고 봅니다. 요르단의 강물 폭은 서울의 청계천 정도에 불과해 '거기가 거기'이기 때문이지요. 중요한 것은 이곳을 순례하는 의미입니다. 예수님의 세례를 기억하고, 세례 갱신을 통해 우리 또한 하느님의 사랑받는 자녀임을 되새기면서 우리 믿음을 구체적인 생활로 용기 있게 고백할 것을 다짐하는 일이지요.

세례를 받으신 예수님께서는 성령의 인도로 광야로 가서서 40일 동안 지내면서 악마의 유혹을 받으십니다. 단식하며 기도하시는 예수님께 악마는 빵, 부귀와 권세, 명예를 미끼로 예수님을 유혹하지만 모두 실패하고 물러가지요(마태 4,1-11; 마르 1,12-13; 루카 4,1-13 참조).

광야는 메마른 곳, 거칠고 황량해서 사람이 살 수 없는 곳입니다. 광야는 그래서 한편으로는 속세를 떠나서 하느님과 홀로 있기 좋은 곳, 기도하기 좋은 곳입니다. 예수님께서 성령의 인도로 광야에 가신 것 또한 당신의 공생활을 준비하시기 위해서였을 것입니다. 다른 한편으로 광야는 유혹의 장소이기도 합니다. 아무것도 없어서 오히려 유혹이 심하게 올 수 있습니다. 특히 유혹은 우리의 약점을 깊이 파고듭니다. 그래서 악마는 예수님께서 단식으로 시장하신 틈을 교묘히 이용해 유혹하고자 나선 것입니다.

예수님께서 악마에게 유혹을 받으신 곳으로 전해지는 유혹의 산은 요르단강에서 멀지 않은 곳에 있습니다. 요르단강 서안에서 서쪽으로 약 8km 떨어진 곳에 세계에서 가장 오래된 도시 예리코가 있는데, 유혹의 산은 예리코에서 북서쪽으로 5km가량 떨어진 유다 광야의 동쪽 끝자락에 자리하고 있습니다.

마태오 복음에 따르면 악마는 예수님께 세 가지 유혹을 합니다. 첫 번째는 돌로 빵을 만들라는 것이었으며, 두 번째는 성전 꼭대기에서 뛰어내리라는 것이었고, 세 번째는 높은 산에 올라가서 부귀영화를 보여 주고는 자기에게 경배하라는 것이었지요. 12세기부터 내려오는 전승에 따르면, 이 유혹의 산 정상은 예수님께서 세 번째 유혹을 받으신 자리이고 첫 번째 유혹을 받으신 곳은 산 중턱에 있는 동굴이라고 합니다. 해발 350m 높이인 유혹의 산에는 일찍부터 수도자와 은수자들이 살았는데, 현재 유혹의 산 중턱에는 19세기 말에 세워진 정교회 수도원이 있습니다. 산 아래에서 수도원까지 케이블카를 이용하면 5분이면 갈 수 있습니다. 시간이 되면 케이블카를 타고 수도원을 순례하는 것도 좋지만, 유혹의 산이 잘 보이는 언덕에서 유혹의 산을 조망하는 것도 나쁘지 않습니다.

이 유혹의 산 뒤로 유다 광야가 펼쳐져 있습니다. 예리코에서는 유다 광야가 잘 보이지 않지만 예루살렘으로 올라가는 국

유다 광야

도 중간쯤에는 유다 광야를 한눈에 볼 수 있는 전망대가 조성되어 있지요. 유혹의 산과 유다 광야는 40일 동안 단식과 기도로 당신의 공생활을 준비하시고 마귀의 유혹을 물리치신 예수님의 삶을 되새기게 해 줍니다. 유혹의 산과 광야를 순례하면서 내가 빠지기 쉬운 유혹은 무엇인지, 하느님과 단둘이 고요히 기도할 수 있는 내 마음의 광야는 어디에 둘 것인지 생각해 보는 것은 어떨까요.

유혹의 산 중턱 정교회 수도원

예수님이
첫 번째 기적을 일으키신
카나의 혼인 잔치 기념 성당

그분의 어머니는 시중꾼들에게 "그가 무엇이든지 당신들에게 이르는 대로 하시오." 하고 말하였다. 그런데 거기에는 유다인들의 정결례를 위해 돌로 만든 물독 여섯 개가 놓여 있었다. 그 물독들은 각각 두세 동이씩 담을 만하였다. 예수께서는 시중꾼들에게 "물독에 물을 채우시오." 하고 이르셨다. 그래서 그들이 독마다 가득히 채웠다. 이윽고 예수께서 그들에게 "이제는 떠서 잔치 주관자에게 가져가시오." 하고 이르셨다. 곧 그들은 가져갔다.

묵주 기도 빛의 신비 2단에서 우리는 "예수님께서 첫 번째 기적을 행하심을" 묵상합니다. 그것은 바로 예수님께서 갈릴래아 카나의 혼인 잔치에서 물을 포도주로 변화시키신 기적입니다. 네 복음서 가운데 유일하게 요한 복음만 이 기적을 '첫 번째 표징'이라는 이름으로 소개하고 있지요. 먼저 요한 복음의 관련 부분(요한 2,1-11 참조)을 조금 살펴봅니다.

갈릴래아 카나에서 혼인 잔치가 있었는데 예수님의 어머니도 거기에 계셨습니다. 예수님께서도 첫 제자들과 함께 그 잔치에 초대받으셨는데 잔치에 있어야 할 포도주가 떨어졌습니다. 어머니 마리아가 예수님께 "포도주가 없구나."라고 말하자 예수님께서는 "여인이시여, 저에게 무엇을 바라십니까? 아직 저의 때가 오지 않았습니다." 하고 말씀하십니다. 그렇지만 어머니 마리아는 일꾼들에게 아들이 시키는 대로 하라고 당부합니다. 거기

카나 혼인 잔치 기념 성당 전경

카나 혼인 잔치 기념 성당 내부

에는 유다인들이 정결례 때 쓰는 커다란 물독 여섯 개가 있었는데 모두 두세 동이들이였습니다. 예수님께서는 일꾼들에게 그 물독에 물을 가득 채우라고 하셨고 일꾼들이 그렇게 하자 이번에는 그 물을 퍼서 잔치 책임자에게 갖다 주라고 분부하십니다. 잔치 책임자가 그 물맛을 보았을 때 물은 이미 포도주로 변해 있었습니다. 그는 신랑을 불러서는 "누구든지 먼저 좋은 포도주를 내놓고, 손님들이 취하면 그보다 못한 것을 내놓는데 지금까지 좋은 포도주를 남겨 두셨군요." 하고 감탄합니다.

오늘날 이스라엘을 찾는 순례자들이 물을 포도주로 변화시키신 혼인 잔치의 기적이 일어난 곳으로 여기고 순례하는 곳은 나자렛에서 갈릴래아 호수가 있는 북동쪽으로 5㎞ 남짓 떨어져 있는 큰길가 동네입니다. 큰길에서 바로 이어지는 골목길을 따라 조금 들어가면 프란치스코회가 관리하는 성당이 보입니다. 카나의 혼인 잔치를 기념하는 성당입니다. 성당 자체는 그렇게 크지 않지만, 수많은 순례자가 이 성당을 찾아가 예수님께서 물을 포도주로 변화시키심으로써 혼인 잔치를 축복하신 일화를 되새깁니다. 부부가 함께 오면 대부분 혼인 갱신을 합니다. 원한다면 혼인 갱신 예식을 집전한 사제의 서명을 담은 혼인 갱신 증명서도 발급받을 수 있습니다. 10달러 정도의 비용이 들기는 하지요.

카나 혼인 잔치 기념 성당 지하의 돌로 된 대형 물독

19세기 말에 건립된 이 성당 지하에는 20세기 초부터 시작된 발굴 작업을 통해 유다교 혹은 유다-그리스도교의 회당 자리로 추정되는 터를 볼 수 있습니다. 기원후 1세기 때의 것으로 추정되는 주거 터와 오래된 교회 터도 확인할 수 있습니다. 함부로 손을 대지 못하도록 사방을 유리로 둘러싼 돌로 된 큰 물독도 있습니다. 우리말 성경에는 두세 동이들이 물독이라고 하는데, 이런 물독 여섯 개를 가득 채운 물이 포도주로 변했다면 550ℓ가 넘는다고 합니다. 750㎖ 포도주병으로 치면 730개가 넘는다고 하지요. 하지만 중요한 것은 얼마나 많은 물이 포도주로 변했느냐, 또 그 맛이 얼마나 좋으냐가 아니라고 봅니다. 예수님께서 물을 포도주로 변화시키심으로써 하마터면 낭패를 볼 뻔했던 혼인 잔치를 축복하신 것, 또 비록 아직 때가 되지 않았음에도 어머니 마리아의 청을 거절하지 않으시고 받아들이신 것, 이런 것들이 바로 카나를 순례하는 순례자들이 깊이 되새기고 묵상해야 할 내용이 아닌가 합니다.

그런데 역사적으로 이 카나가 예수님께서 혼인 잔치에서 물을 술로 변화시키신 기적을 행하신 갈릴래아의 카나가 맞는지는 확실하지 않다고 합니다. 다만 프란치스코회가 17세기 중반부터 이곳을 예수님이 첫 번째 기적을 일으키신 바로 그 갈릴래아의 카나라고 여겨 왔습니다. 일찍이 예루살렘을 순례했던 이들의 증언과 불가타 성경이라고도 하는 대중 라틴말 성경을 번역한 성인으로 유명한 예로니모 성인의 증언 등에 의존했다고 하지요. 실제로 정교회에서는 이미 16세기 중반에 이곳에 기념 성당을 세웠고, 지금도 혼인 잔치 기념 성당에서 멀지 않은 곳에 정교회의 기념 성당이 있습니다.

요한 복음에 따르면 예수님께서 '두 번째 표징' 곧 왕실 관리의 아들을 살리신 기적(요한 4,43-54 참조)을 행하신 곳도 이곳 카나입니다. 카나에는 왕실 관리가 살고 있었는데, 그의 아들이 카파르나움에서 병들어 죽어 가고 있었습니다. 예수님께서 카나에 오셨다는 소식을 들은 왕실 관리는 예수님을 찾아와 카파르나움으로 내려가 아들을 살려 달라고 청합니다. 카나에서 카파르나움까지는 30㎞가 넘는 거리입니다. 예수님께서는 처음엔 거절하셨으나 왕실 관리의 거듭된 간청에 "가거라. 네 아들은 살아날 것이다." 하고 말씀하시지요. 그 순간에 카파르나움에 있던 아들은 병이 나았습니다. 요한 복음사가는 이를 예수님께서 일으키신 '두 번째 표징'이라고 표현합니다.

혼인 잔치 기념 성당에서 오른쪽으로 나와 큰길로 가다가 보면 왼쪽에 작은 경당이 있습니다. 12사도 가운데 한 명인 성 바르톨로메오 사도를 기념하는 경당입니다. 바르톨로메오는 카나 출신의 나타나엘과 같은 인물이지요. 나타나엘(요한 1,43-51 참조)은 처음에 예수님을 두고 "나자렛에서 무슨 좋은 것이 있겠소?" 하고 대수롭지 않게 생각하다가 예수님을 직접 뵙고는 "스승님은 하느님의 아드님이십니다. 이스라엘의 임금님이십니다." 하고 고백하고 제자가 됩니다. 그에 앞서 예수님께서는 나타나엘을 두고 "저 사람이야말로 참으로 이스라엘 사람이다. 저 사람은 거짓이 없다."고 칭찬하시지요.

카나를 순례할 때는 혼인 잔치 기념 성당에서 예수님께서 물을 포도주로 변화시키심으로써 혼인을 축복하신 일을 되새기며 혼인의 의미를 다시 생각하고 배우자에게 사랑을 새롭게 고백하고 다짐하는 시간을 꼭 가지시기를 바랍니다. 또 예수님께 거듭 간청하여 아들을 살린 왕실 관리의 믿음과 예수님께서 "저 사람은 거짓이 없다."고 하신 나타나엘, 곧 바르톨로메오 사도도 기억하시면 좋겠습니다.

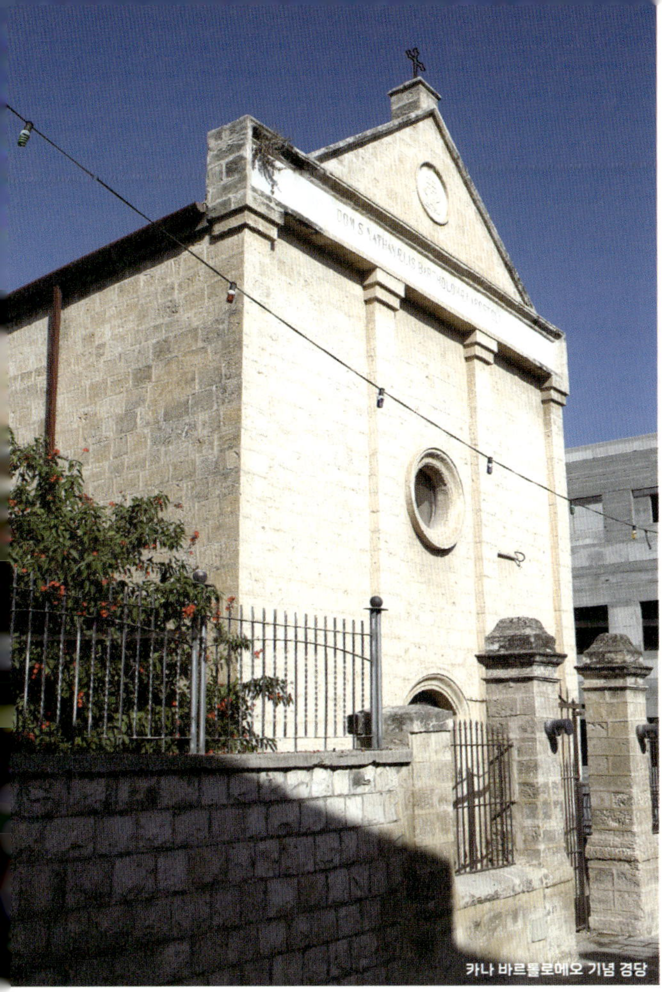
DOM S NATHANAELIS BARTHOLOMAEI APOSTOLI

카나 바르톨로메오 기념 경당

바로톨로메오 기념 성당

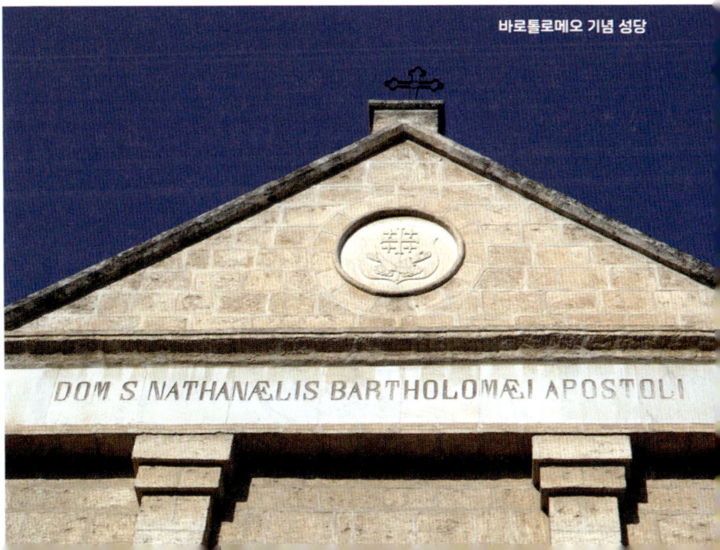
DOM S NATHANÆLIS BARTHOLOMÆI APOSTOLI

카파르나움,
예수님 활동의 중심지

예수님께서는 요한이 잡혔다는 말을 들으시고 갈릴래아로 물러가셨다. 그러나 나자렛을 떠나 즈불룬과 납탈리 지역에 있는 호숫가 카파르나움으로 가서 사셨다. 그리하여 이사야 예언자를 통하여 하신 말씀이 이루어졌다. "즈불룬 땅과 납탈리 땅 호수로 가는 길, 요르단 건너편 이방인들의 갈릴래아, 어둠 속에 앉아 있는 백성이 큰 빛을 보았고 죽음의 그늘진 땅에 앉아 있는 사람들에게 빛이 솟아올랐도다." 이때부터 예수께서는 선포하시기 시작하여 "회개하여라. 하늘나라가 다가왔습니다." 하고 말씀하셨다.

가톨릭 신자, 특히 레지오 마리애 단원들이 가장 많이 바치는 묵주 기도와 관련지어 잊을 수 없는 이 시대의 교황이 있습니다. 성 요한 바오로 2세 교황(재위 1978~2005)입니다. 묵주 기도에 '빛의 신비'를 추가해 우리가 묵주 기도를 바치면서 예수님의 생애 전체를 제대로 묵상할 수 있도록 했기 때문입니다. 이 빛의 신비 3단에서 우리는 "예수님께서 하느님 나라를 선포하심"을 묵상합니다. 예수님께서 하느님 나라를 선포하시며 당신의 공적 활동을 시작하신 곳은 어디일까요? 복음서들은 모두 '갈릴래아'라고 언급합니다(마태 4,12-17; 마르 1,14-15; 루카 4, 14-15 참조). 갈릴래아는 이스라엘 땅 북쪽에 있습니다. 동쪽으로는 갈릴래아 호수를, 서쪽으로는 지중해를 끼고 있지요. 또 남쪽으로는 사마리아 지방과 경계를 이룹니다.

이렇게 예수님께서는 공생활을 시작하시면서 갈릴래아 지

카파르나움 회당

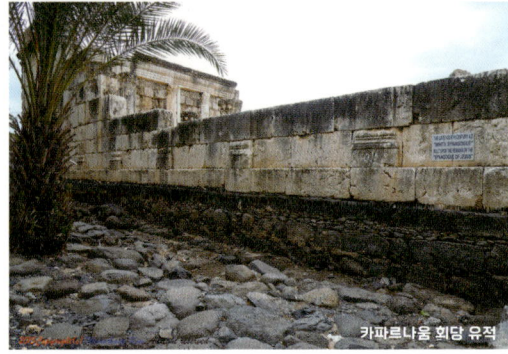

카파르나움 회당 유적

카파르나움 입구의 예수님의 집 팻말

방을 활동 지역으로 삼으셨지만, 그 가운데서도 당신 거처로 삼으신 중심 도시가 있습니다. 카파르나움입니다. 마태오 복음서 (4,12-13)는 이렇게 전합니다. "예수님께서는 요한이 잡혔다는 말을 들으시고 갈릴래아로 물러가셨다. 그리고 나자렛을 떠나 즈불룬과 납탈리 지방 호숫가에 있는 카파르나움으로 가시어 자리를 잡으셨다."

갈릴래아 호수 북쪽 해변에 있는 카파르나움은 예수님 시대에는 갈릴래아 호수에서 잡은 생선을 파는 시장이 있는 항구 도시였습니다. 도시의 길이가 1km나 됐다고 하니 당시로서는 꽤 큰 도시였습니다. 게다가 멀리 아프리카에서 지중해 해안을 거쳐 메소포타미아에 이르는 '바다의 길'이라고 하는 교통로가 지나는 요충지기도 했습니다. 그래서 로마 군대가 주둔하고 있었고 세관도 있었지요(마태 8,5; 마르 2,13-14 참조). 그뿐 아니라 예수님께서 첫 제자들, 곧 시몬 베드로와 그의 동생 안드레아, 그리고 제베대오의 두 아들 야고보와 요한을 부르신 갈릴래아 호숫가도 카파르나움에서 얼마 떨어지지 않은 곳이었을 것입니다(마태 4,13.18-22; 마르 1,16-21.29-30 참조). 세리 마태오(레위)를 부르신 곳 또한 카파르나움입니다(마르 2,14; 마태 9,9). 예수님께서 카파르나움을 활동 중심지로 삼으신 데는 이 모든 요인이 함께 작용했을 것입니다.

실제로 예수님께서는 카파르나움에서 많은 일을 하셨습니다. 안식일이면 회당에서 사람들을 가르쳤을 뿐 아니라 더러운 영을 쫓아내셨고 많은 병자와 마귀 들린 이들을 고쳐 주셨습니다. 시몬의 장모도 고쳐 주셨지요(루카 4,31-41 참조). 사람들이 지붕을 뚫고 들것으로 내려 보낸 중풍병자를 고쳐 주신 곳도(마르 2,1-12), 백인대장의 종을 낫게 하신 곳도 카파르나움이었습니다(마태 8,5-13; 루카 7,1-10; 요한 4, 43-54). 예수님께서 오천 명을 먹이신 기적을 행하신 후 당신이 살아 있는 생명의 빵이라고 가르치셨는데, 그곳 또한 카파르나움 회당이었습니다(요한 6,22-59).

이렇게 예수님께서는 카파르나움을 거처로 삼아 하느님 나라에 관한 기쁜 소식을 선포하시고 많은 기적을 행하셨지만, 카파르나움은 예수님을 받아들이지 않았던 것 같습니다. 그래서 예수님께서는 카파르나움을 향해 이렇게 단죄하시지요. "너 카파르나움아, 네가 하늘까지 오를 성싶으냐? 저승까지 떨어질 것이다. 너에게 일어난 기적들이 소돔에서 일어났더라면 그 고을은 오늘까지 남아 있을 것이다."(마태 11,23) 예수님의 이 말씀 때문이라고만 할 수는 없겠지만, 예수님 시대에 번성했던 도시 카파르나움은 이후 흔적만 남은 폐허로 변했습니다. 3세기의 한 기록에 의하면, 가난한 어부들의 집 일곱 가구만 남아 있었습니다. 그 후에 재건되었으나 다시 황폐화하고 말았습니다. 하지만

베드로 집터 위의 베드로 기념 성당

성당 바닥에서 본 집터

카파르나움, 예수님 활동의 중심지

옛 집터들과 회당 터는 그대로 남아 있어 이곳을 찾는 순례자들에게 예수님 시대를 떠올리게 합니다.

프란치스코회가 관리하는 카파르나움 성지 대문과 담벼락에는 '예수님의 도시'라고 쓰여 있습니다. 문을 열고 들어서면 옛 도시 유적들과 함께 팔각형의 아름다운 현대식 성당이 보입니다. 성당은 폐허만 남은 집터 바로 위에 세워져 있습니다. 성당 아래의 집터가 시몬 베드로의 집(또는 시몬의 장모의 집)으로 전해집니다. 발굴 조사 결과에 따르면, 집터에는 그리스어로 '베드로'라고 쓰인 팻말과 어선 그림이 발견되었다고 하지요. 또 벽에는 그리스어로 예수님을 '주님이요 그리스도'라고 표현한 글도 있었다고 합니다. 그래서 1세기부터 유다계 그리스도인들이 베드로의 집에 모여 함께 기도하고 성찬례를 거행했을 것으로 추정합니다. 베드로의 집이 경당 역할을 한 것이지요. 5세기쯤에는 그 위에 팔각형 형태의 성당이 지어졌습니다. 하지만 614년 이슬람의 침입으로 성당이 폐허가 되면서 오랜 세월 그대로 방치되었습니다.

옛 팔각형 성당을 본뜬 현재의 팔각형 성당은 1990년에 지어져 순례자들이 베드로의 집터 위에서 미사를 봉헌하고 기도를 바칠 수 있습니다. 성당 중앙 바닥이 투명한 유리로 되어 있어 옛 집터를 볼 수 있습니다. 집터를 내려다보면서 예수님께서 시몬의 장모를 낫게 하신 일, 사람들이 지붕을 뚫고 들것으로 내려 보낸 중풍병자를 치유하신 일들을 떠올리며 예수님의 현존을 더욱 실감나게 묵상할 수 있습니다.

성당에서 왼쪽으로 30m 남짓 떨어진 곳에는 카파르나움 회당 터가 있습니다. 회당 터를 자세히 살펴보면 벽이 두 부분으로 구분되어 있음을 확인할 수 있습니다. 제일 아래에 있는 부분이 예수님 시대의 회당 터이고 윗부분은 4세기쯤에 증축 또는 재건된 것이라고 합니다. 물론 현재의 모습은 옛 회당 터 주변에 흩어져 있던 자재들을 모아 20세기에 복원한 것입니다. 하지만 이곳 회당 터에서는 예수님께서 회당에서 가르치시던 모습들과 백인대장의 종을 고쳐 주신 일화 등을 생생하게 그려 볼 수 있습니다.

예수님의 도시 카파르나움은 예수님의 가르침을 되새기고 우리 신앙을 성찰하기에 더없이 좋은 곳입니다. 폐허가 된 카파르나움이 순례자들에게 소리 없이 외치는 듯합니다. "너 카파르나움아…." 누구를 위한 누구의 외침이겠습니까.

예수님께서 희년을 선포하신 나자렛 회당 성당과 절벽산

그분은 그 여러 회당에서 가르치시며 모든 사람에게 찬양을 받으셨다. 예수께서는 당신이 자라난 나자렛으로 가셔서 당신 습관대로 안식일에 회당으로 들어가셨다. 그리고 성경을 읽으려고 일어서시었다. 이사야 예언자의 책이 당신에게 건네지자 그분은 그 책을 펴시고 이렇게 적혀 있는 대목을 찾아 읽으셨다. "주님의 영이 내게 내리셨으니, 과연 주님께서 내게 기름을 부으셨도다. 주님께서 나를 보내셨으니, 이는 가난한 이들에게 복음을 전하고 포로들에게는 해방을, 소경들에게는 눈뜸 것을 선포하며 억눌린 이들을 풀어 보내고, 주님의 은혜로운 해를 선포하게 하시려는 것이로다."

나자렛은 "저는 주님의 종입니다. 말씀하신 대로 저에게 이루어지기를 바랍니다."(루카 1,38)라는 마리아의 응답에 하느님의 아드님이 친히 사람으로 잉태되신 인류 역사의 위대한 사건이 일어난 곳입니다. 나자렛은 또 사람이 되신 하느님의 아들 예수님께서 어머니 마리아와 양부 요셉과 함께 어린 시절을 보낸 곳이기도 합니다. 이를 기념하는 주님 탄생 예고 대성당과 성가정 성당(성 요셉 성당이라고도 함)에는 세계 곳곳에서 찾아오는 수많은 순례자의 발길이 끊이지 않습니다. 그런데 나자렛에는 이 두 성당 말고도 복음서, 특히 루카 복음서에서 전하는 예수님의 자취를 직접 느껴 볼 수 있는 두 곳이 더 있습니다. 나자렛 회당 성당과 절벽산입니다.

루카 복음서(4,15-16)는 예수님께서 광야에서 유혹을 받으신 후 성령을 충만히 받아 갈릴래아로 돌아가시어 "그곳의 여

나자렛 회당 성당 내부

나자렛 회당 성당 입구

러 회당에서 가르치시며 모든 사람에게서 칭송을 받으셨다."라고 그분의 갈릴래아 활동을 압축해서 전합니다. 그리고 이어서 나자렛에서 희년을 선포하신 일과 사람들이 예수님을 절벽에서 밀어 떨어뜨리려 한 일화를 소개합니다(4,16-30 참조). 이 내용을 편의상 둘로 나눠 살펴봅니다.

희년을 선포하시다 (루카 4,16-21)

당신이 자라신 고향 나자렛에 가신 예수님께서는 안식일이 되어 그곳 회당에 들어가십니다. 그리고 구약 성경 이사야 예언서가 적힌 두루마리를 펴시고 이런 대목을 읽으십니다. "주님께서 나에게 기름을 부어 주시어 주님의 영이 내 위에 내리셨다.

"*주님께서 나를 보내시어 가난한 이들에게 기쁜 소식을 전하고 잡혀간 이들에게 해방을 선포하시며 눈먼 이들을 다시 보게 하고 억압받는 이들을 해방시켜 내보내며 주님의 은혜로운 해를 선포하게 하셨다.*" 예수님께서 읽으신 부분은 이스라엘 백성이 고대하던 구원을 알리는 이사야서(61,1-2)의 말씀입니다. 그리고 그 내용은 이스라엘 백성이 50년마다 지내는 희년에 관한 레위기(25,8-13) 말씀과도 관련됩니다. 그런데 놀랍게도 예수님께서는 회당에 모인 사람들을 둘러보시며 "*오늘 이 성경 말씀이 너희가 듣는 가운데에서 이루어졌다.*" 하고 말씀하십니다.

예수님께서 희년이 당신과 함께 실현되었다고 선언하신 그 나자렛 회당(시나고그)이 있던 자리에 회당 성당이라고 불리는 작은 성당이 있습니다. 나자렛의 성 요셉 성당 바로 동쪽에 있습니다. 하지만 성 요셉 성당에서 곧바로 이어지는 길은 없고 이 회당 성당으로 가려면 나자렛 주님 탄생 예고 대성당 정문으로 나와서 좁은 시장 골목을 조금 걸어야 합니다. 성당이라기보다는 벽돌로 된 아주 작은 경당이라고 할 수 있는 이 나자렛 회당 성당은 예수님 시대에 있었던 회당 자리 위에 십자군 시대에 세워진 것으로 추정되고 있습니다. 중앙 제대, 그리고 좌우 벽면의 긴 나무 의자 몇 개가 전부인 소박한 성당은 그래서 오히려 순례자들에게는 더욱 의미 있게 와 닿는 곳이기도 합니다.

바로 이 성당 바닥 어디에서 어린 예수님은 말씀을 듣기도 하고 기도도 하셨을 것입니다. 그리고 루카 복음이 전하듯이 갈릴래아에서 하느님 나라를 선포하시고 가르치시던 예수님께서는 이 회당에서 은총의 해, 곧 희년이 당신과 함께 실현되었다고 나자렛 주민들에게 선포하셨습니다. 회당에 조용히 앉아 두루마리를 받아 펼치시고 이사야 예언서의 말씀을 읽으신 후 이 말씀이 오늘 이 자리에서 이루어졌다고 선포하시는 예수님의 모습을 잠시 그려 볼 수 있다면 좋겠습니다. 그리고 그 은총의 해, 곧 희년의 정신으로 우리 삶을 새롭게 하면 좋겠습니다.

예수님을 밀어 떨어뜨리려 하다 (루카 4,22-30)

예수님의 말씀을 들은 사람들은 처음에는 놀라워하면서 모두 예수님을 좋게 이야기합니다. 그러나 다음 순간 그들은 예수님이 자기들이 잘 아는 "요셉의 아들이 아닌가?" 하면서 수군거리기 시작합니다. 그러자 예수님께서는 "어떠한 예언자도 자기 고향에서는 환영받지 못한다."라고 말씀하시면서 구약의 엘리야와 엘리사 두 예언자와 관련된 이야기를 하십니다. 사람들은 이 말씀에 화가 치밀어 들고일어나 예수님을 고을 밖으로 내몰아 벼랑 위에서 떨어뜨리려고 합니다. 그러자 "예수님께서는 그들 한가운데를 가로질러 떠나가셨다."고 루카 복음서는 전합

나자렛 절벽산에서 카파르나움까지
약 70km의 트레킹 코스 '복음의 길'의 출발점 표석

나자렛 절벽산

예수님께서 희년을 선포하신 나자렛 회당 성당과 절벽산

니다.

　사람들이 예수님을 밀어 떨어뜨리려고 했던 그 벼랑으로 전해지는 곳이 나자렛 입구 남쪽 산등성이에 있습니다. 해발 397m의 케두민산인데 산 서남쪽이 깎아지른 벼랑처럼 가팔라 흔히 절벽산 혹은 추락산이라고 부릅니다. 2009년 5월 요르단과 이스라엘 성지를 순례한 베네딕토 16세 교황이 나자렛을 방문했을 때 먼저 이곳 절벽산에서 야외 미사를 거행했지요.

　산 정상에서 내려다보면 예수님의 거룩한 변모 사건의 장소인 타보르산이 왼쪽에 둥근 사발을 엎어 놓은 모양으로 자리 잡고 있고, 멀리 오른쪽 산기슭 한쪽에는 예수님께서 과부의 외아들을 살리신 동네 나인(루카 7,11-17 참조)이 있습니다. 그리고 그 사이로 이스라엘 최대 곡창지인 이즈르엘평야가 한눈에 펼쳐져 보입니다. 구약 성경 사무엘기, 열왕기, 유딧기, 호세아서 등에 자주 등장하는 바로 그 이즈르엘입니다.

　이 절벽산에서 눈 아래 펼쳐지는 싱경의 무대를 조망하고 나면 꼭 묵상해야 할 성경 구절이 있습니다. 사람들이 예수님을 벼랑 끝으로 밀어 떨어뜨리려 했지만 "예수님께서는 그들 한가운데를 가로질러 떠나가셨다."라는 구절입니다. 우리는 살면서 예상치 못한 뜻밖의 순간, 위기의 순간을 만나기 마련입니다. 그럴 때 어찌할 줄 모르고 허둥대기보다는 벼랑 끝에 내몰리신

"주님께서 나를 보내시어 가난한 이들에게 기쁜 소식을 전하고 잡혀간 이들에게 해방을 선포하시며 눈먼 이들을 다시 보게 하고 억압받는 이들을 해방시켜 내보내며 주님의 은혜로운 해를 선포하게 하셨다." 예수님께서 읽으신 부분은 이스라엘 백성이 고대하던 구원을 알리는 이사야서(61,1-2)의 말씀입니다. 그리고 그 내용은 이스라엘 백성이 50년마다 지내는 희년에 관한 레위기(25,8-13) 말씀과도 관련됩니다. 그런데 놀랍게도 예수님께서는 회당에 모인 사람들을 둘러보시며 "오늘 이 성경 말씀이 너희가 듣는 가운데에서 이루어졌다." 하고 말씀하십니다.

예수님께서 희년이 당신과 함께 실현되었다고 선언하신 그 나자렛 회당(시나고그)이 있던 자리에 회당 성당이라고 불리는 작은 성당이 있습니다. 나자렛의 성 요셉 성당 바로 동쪽에 있습니다. 하지만 성 요셉 성당에서 곧바로 이어지는 길은 없고 이 회당 성당으로 가려면 나자렛 주님 탄생 예고 대성당 정문으로 나와서 좁은 시장 골목을 조금 걸어야 합니다. 성당이라기보다는 벽돌로 된 아주 작은 경당이라고 할 수 있는 이 나자렛 회당 성당은 예수님 시대에 있었던 회당 자리 위에 십자군 시대에 세워진 것으로 추정되고 있습니다. 중앙 제대, 그리고 좌우 벽면의 긴 나무 의자 몇 개가 전부인 소박한 성당은 그래서 오히려 순례자들에게는 더욱 의미 있게 와 닿는 곳이기도 합니다.

바로 이 성당 바닥 어디에서 어린 예수님은 말씀을 듣기도 하고 기도도 하셨을 것입니다. 그리고 루카 복음이 전하듯이 갈릴래아에서 하느님 나라를 선포하시고 가르치시던 예수님께서는 이 회당에서 은총의 해, 곧 희년이 당신과 함께 실현되었다고 나자렛 주민들에게 선포하셨습니다. 회당에 조용히 앉아 두루마리를 받아 펼치시고 이사야 예언서의 말씀을 읽으신 후 이 말씀이 오늘 이 자리에서 이루어졌다고 선포하시는 예수님의 모습을 잠시 그려 볼 수 있다면 좋겠습니다. 그리고 그 은총의 해, 곧 희년의 정신으로 우리 삶을 새롭게 하면 좋겠습니다.

예수님을 밀어 떨어뜨리려 하다 (루카 4,22-30)

예수님의 말씀을 들은 사람들은 처음에는 놀라워하면서 모두 예수님을 좋게 이야기합니다. 그러나 다음 순간 그들은 예수님이 자기들이 잘 아는 "요셉의 아들이 아닌가?" 하면서 수군거리기 시작합니다. 그러자 예수님께서는 "어떠한 예언자도 자기 고향에서는 환영받지 못한다."라고 말씀하시면서 구약의 엘리야와 엘리사 두 예언자와 관련된 이야기를 하십니다. 사람들은 이 말씀에 화가 치밀어 들고일어나 예수님을 고을 밖으로 내몰아 벼랑 위에서 떨어뜨리려고 합니다. 그러자 "예수님께서는 그들 한가운데를 가로질러 떠나가셨다."고 루카 복음서는 전합

나자렛 절벽산에서 카파르나움까지
약 70km의 트레킹 코스 '복음의 길'의 출발점 표석

나자렛 절벽산

예수님께서 희년을 선포하신 나자렛 회당 성당과 절벽산

니다.

사람들이 예수님을 밀어 떨어뜨리려고 했던 그 벼랑으로 전해지는 곳이 나자렛 입구 남쪽 산등성이에 있습니다. 해발 397m의 케두민산인데 산 서남쪽이 깎아지른 벼랑처럼 가팔라 흔히 절벽산 혹은 추락산이라고 부릅니다. 2009년 5월 요르단과 이스라엘 성지를 순례한 베네딕토 16세 교황이 나자렛을 방문했을 때 먼저 이곳 절벽산에서 야외 미사를 거행했지요.

산 정상에서 내려다보면 예수님의 거룩한 변모 사건의 장소인 타보르산이 왼쪽에 둥근 사발을 엎어 놓은 모양으로 자리 잡고 있고, 멀리 오른쪽 산기슭 한쪽에는 예수님께서 과부의 외아들을 살리신 동네 나인(루카 7,11-17 참조)이 있습니다. 그리고 그 사이로 이스라엘 최대 곡창지인 이즈르엘평야가 한눈에 펼쳐져 보입니다. 구약 성경 사무엘기, 열왕기, 유딧기, 호세아서 등에 자주 등장하는 바로 그 이즈르엘입니다.

이 절벽산에서 눈 아래 펼쳐지는 성경의 무대를 조망하고 나면 꼭 묵상해야 할 성경 구절이 있습니다. 사람들이 예수님을 벼랑 끝으로 밀어 떨어뜨리려 했지만 "예수님께서는 그들 한가운데를 가로질러 떠나가셨다."라는 구절입니다. 우리는 살면서 예상치 못한 뜻밖의 순간, 위기의 순간을 만나기 마련입니다. 그럴 때 어찌할 줄 모르고 허둥대기보다는 벼랑 끝에 내몰리신 예수님을 떠올리면 좋겠습니다. 그리고 '그들 한가운데를 가로질러' 유유히 떠나가신 예수님 은총의 도움에 힘입어 예수님처럼 침착함을 잃지 않고 유유히 위기를 극복해 나가면 좋겠습니다.

예수님 활동의 주요 무대인 갈릴래아 호수

그리고 그날 저녁때가 되자 예수께서는 제자들에게 "호수 건너편으로 갑시다." 하고 말씀하셨다. 그래서 그들은 군중을 남겨 두고 배에 타신 예수를 그대로 모시고 갔는데 다른 배들도 함께 갔다. 그런데 거센 회오리바람이 일어 파도가 배 안으로 덮쳐 들어와서 배는 곧 물로 가득 차게 되었다. 그러나 예수께서는 고물에서 베개를 베고 주무시고 계셨다. 그래서 제자들은 그분을 깨우며 "선생님, 우리가 죽게 되었는데도 걱정이 안되십니까?" 하고 여쭈었다. 그러자 예수께서는 일어나 바람을 꾸짖으시고 호수더러 "잠잠해져라. 조용히 있어라." 하고 이르셨다. 그러니 바람이 멎고 매우 고요해졌다. 그리고 나서 그분은 그들에게 "여러분은 왜 겁냅니까? 아직도 믿음을 갖지 못합니까?" 하고 말씀하셨다. 그들은 몹시 질리어 두려워하면서 서로 말하기를 "도대체 이분이 누구신데 바람과 호수조차 이분에게 순종할까?" 하였다.

예수님의 공생활을 이야기할 때 절대로 빼놓을 수 없는 곳이 갈릴래아 호수입니다. 후대 사람들이 '예수님의 도시'라고 이름 붙인 카파르나움은 갈릴래아 호수 북단에 있는 항구 도시였습니다. 예수님께서 어부인 베드로와 그의 동생 안드레아, 야고보와 그의 동생 요한을 첫 제자로 부르신 곳도 갈릴래아 호숫가였습니다(마태 4,18-22 참조).

뿐만 아니라, 예수님께서 배에 앉아 군중에게 씨 뿌리는 사람의 비유(마태 13,1-9 참조)를 말씀하신 곳이 갈릴래아 호수였고, 빵 다섯 개와 물고기 두 마리로 5천 명을 배불리 먹이신 기적(14,13-21 참조)을 행하신 곳도 갈릴래아 호수 인근 외딴 평지였습니다. 또한 예수님께서 "행복하여라, 마음이 가난한 사람들!" 하고 사람들을 가르치신(마태 5-7장 참조) 곳은 갈릴래아 호수가 내려다보이는 언덕 위였습니다.

갈릴래아 언덕

갈릴래아 호수는 예수님의 주요 이동 통로였습니다. 예수님께서는 하느님 나라의 복음을 선포하시며 갈릴래아 지방을 두루 다니실 때 이 호수를 자주 이용하셨습니다. 외딴곳으로 물러가실 때 배를 이용하셨고(마르 6,32 참조), 호수 동쪽 이방인의 게라사인들의 지역으로 가실 때(마르 4,35; 5,1 참조)나 호수 북서쪽 겐네사렛으로 가실 때(마태 14,34 참조)도 배를 이용하셨습니다.

또 갈릴래아 호수는 예수님께서 직접 기적적인 일을 행하신 곳이기도 합니다. 물 위를 걷는 기적을 행하신 곳이 갈릴래아 호수였고(마태 14,22-33 참조), 거센 풍랑을 잠잠하게 하신 곳도 갈릴래아 호수였습니다(마르 4,35-41 참조). 베테랑 어부 베드로와 그 동료들이 밤새도록 한 마리도 잡지 못한 물고기를 백쉰세 마리나 잡게 하신 곳도 갈릴래아 호수였습니다(요한 21,1-14 참조).

이렇게 갈릴래아 호수는 예수님의 활동과 떼어 놓을 수 없는 생생한 역사의 현장입니다. 그래서 이스라엘을 순례하는 이들은 갈릴래아 호수를 찾지 않을 수 없습니다. 보통은 예수님의 고향 나자렛과 첫 번째 기적을 행하신 카나를 거쳐 북동쪽에 있는 갈릴래아 호수로 이동합니다. 갈릴래아 호수는 해수면보다 무려 210m 이상 낮은 곳에 있습니다. 그래서 호수가 가까워질수록 내리막길이 이어집니다. 저 아래 멀리에 푸른 갈릴래아 호수가 모습을 드러내면 가슴이 뭉클해지는 것은 어쩔 수가 없습니다. 2000년 전 예수님의 자취를 그대로 간직한 저 호수가 오늘 거의 변함없는 모습으로 나를 맞아들이고 있는 것입니다.

갈릴래아 호수는 말이 호수지 사실은 바다라고 할 정도로 큽니다. 그래서 사람들은 호수Lake라는 말 대신에 바다Sea라고 부르기도 합니다. 호수는 동서로 폭이 13㎞, 남북으로 길이가 21㎞, 둘레가 53㎞에 이릅니다. 전체 면적은 167㎢로, 서울특별시 면적의 3분의 1 가까이 됩니다. 그러니 바다라고 할 만하지요. 갈릴래아 호수의 물은 북쪽 레바논과 시리아의 국경에 있는 헤르몬산의 눈이 녹아 땅속에 스며들었다가 이스라엘 북쪽 국경 지역인 단과 바니아스에서 솟아올라 요르단강(상부 요르단)을 통해 호수로 유입된 것입니다. 단과 바니아스는 지하수로는 수량이 세계에서 가장 풍부한 곳이라고 하니까 갈릴래아 호수로 흘러드는 물의 양도 보통이 아님을 짐작할 수 있습니다. 물론 2000년 전 예수님 시대에 비하면 호수는 상당히 많이 줄어들었습니다.

　오늘날 갈릴래아 호수 일대는 순례객들에게는 순례지로, 일반인들에게는 관광 휴양지로 각광을 받고 있지만, 2000년 전 예수님 시대에는 호수에서 잡아들인 물고기를 건조해서 로마 제국 전역에 보급하는 어업이 활황을 이루었다고 합니다. 당시에 고기잡이를 주업으로 하는 배가 230척이나 됐다고 하니 그 규모를 짐작할 만하지요. 대표적인 항구 도시인 호수 북단의 카파르나움 외에, 호수 북서쪽에 있는 막달라(히브리어로 미그달)는 호수에서 잡아들인 물고기를 염장해서 판매하는 어업과 상업의 중심지였습니다. 복음서에서 마리아 막달레나(루카 8,2; 마태 27,56 참조)로 나오는 여인의 출신지가 바로 막달라이지요.

　갈릴래아 호수는 성경에서 다른 이름으로 불리기도 합니다. 구약 성경에서는 킨네렛 바다 혹은 그냥 킨네렛(민수 34,11; 신명

베드로 물고기 ▲

◀ 파노라마로 촬영한 갈릴래아 호수 전경

3,17 참조)이라고 불렀는데, 오늘날 유다인들도 이 이름으로 부르고 있습니다. 루카 복음서에는 겐네사렛 호수(5,1)라고 하는데 이는 호수 서북쪽에 있는 겐네사렛(그리스어) 혹은 기노사르(히브리어)라는 평야 이름을 딴 것입니다. 요한 복음서에서는 티베리아스 호수(6,1)라고 부르는데, 이는 당시 갈릴래아 지방 영주 헤로데 안티파스가 호수 서쪽에 티베리우스 황제(재위 14~37)의 이름을 딴 새 도시를 지으면서 붙인 이름에서 연유합니다.

갈릴래아 호수를 찾는 순례자들은 호수 주변에 있는 여러 순례지를 하나하나 순례하면서 예수님 말씀을 묵상하고 그분 숨결을 느낍니다. 또 호숫가에 서서, 아니면 배를 타고 호수 한가운데로 가서 복음서에 나오는 예수님의 말씀을 더욱 깊이 새길 수 있습니다. 호숫가에서는 어구를 손질하고 있던 제자들을 향해 "나를 따라오너라. 내가 너희를 사람 낚는 어부로 만들겠다."(마태 4,19)고 말씀하시는 예수님 음성을 떠올릴 수 있습니다. 호수 한가운데를 바라보면서는 물 위를 걸어 제자들에게 오시는 예수님의 모습을 그려 볼 수 있습니다(마르 6,45-52 참조). 거센 풍랑을 일으키는 호수를 향해 "잠잠해져라. 조용히 하여라!" 하고 꾸짖으시고, 제자들에게는 "왜 겁을 내느냐? 아직도 믿음이 없느냐?" 하고 말씀하시는 예수님을 떠올려도 좋겠습니다(마르 4,35-41 참조).

우리는 "나를 따라오너라." 하신 예수님 말씀에 응답한 제자들입니다. 오늘 그분은 우리에게 말씀하십니다. "왜 겁을 내느냐? 아직도 믿음이 없느냐?"

행복 선언 산과 기념 성당

갈릴래아 호수와 그 일대는 예수님 활동의 주 무대여서, 호수 주변에는 예수님의 자취를 더듬을 수 있는 유적지와 기념 성당이 곳곳에 있습니다. 특히 호수 북쪽 지역이 그러합니다. 호수 북단 '예수님의 도시'라고 하는 카파르나움에서 남서쪽으로 3㎞가량 떨어진 곳에 '행복 선언 산'이라고 부르는 산이 있습니다. 마태오 복음서를 보면, 예수님께서 갈릴래아를 두루 다니시며 말씀과 기적으로 하느님 나라를 선포하시자 많은 군중이 그분을 따랐지요. 그 군중을 보시고 예수님께서는 산에 올라 자리를 잡으셨고, 제자들이 다가오자 참행복에 대해 가르치셨습니다(마태 5,1-12 참조). 행복 선언 산은 예수님께서 참행복을 선언하신 바로 그 산이라고 합니다. 물론 역사적으로 이 산이 예수님께서 참행복을 선언하신 산인지는 확실하지 않습니다. 하지만 4세기에 한 순례자가 남긴 기록에 따르면, '일곱 개의 샘'이라는 뜻을 가진 '타브가' 위 언덕 능선에서 주님께서 참행복 선언을 가르치셨다는 전승이 카파르나움의 초기 그리스도교 공동체에서부터 전해지고 있었다고 합니다. 타브가는 행복 선언 산 능선 자락을 타고 내려가면 갈릴래아 호수와 맞닿는 곳에 일곱 개의 샘이 솟아 있다고 해서 붙은 이름입니다.

이 산의 또 다른 이름은 에레모스 산입니다. 에레모스란 '고독한, 사람이 살지 않는'이란 뜻을 가진 그리스말입니다. '언덕 능선'이라고 표현한 것처럼, 이 산은 산이라기보다는 경사가 완만한 넓은 구릉지에 가깝습니다. 돌멩이가 많고 여기저기 바위가 있어 경작지로 적합하지 않은 곳입니다. 경작지로 쓸모가 없으니 사람이 살지 않고 인적이 드문 땅이었을 가능성이 큽니다. '에레모스'란 말은 그런 연유에서 나왔을 것입니다. 반면 넓고 평평한 능선이라서 많은 사람들이 모이기에는 적당한 곳이었겠지요. 사실 행복 선언 산은 험준한 바위산도 아니요, 숲과 나무가 울창하게 우거진 산도 아닙니다. 듬성듬성 모습을 보이는 큰 나무들 사이로 겨자 나무 같은 여러해살이풀들과 이름 모를 풀들이 돌투성이 땅을 가리고 있고, 봄이면 개양귀비와 아네모네 같은 꽃들이 화려하게 수놓는 능선이기도 합니다.

이 행복 선언 산에서 보면 주변 풍광이 일품입니다. 눈 아래에는 갈릴래아 호수가 활짝 펼쳐져 있어 가슴이 탁 트입니다. 멀리 왼쪽으로는 시리아 땅인 골란고원이, 오른쪽으로는 이스라엘 국립 공원에 속한 아르벨 절벽이 호수를 감싸듯이 지키고 있습니다. 햇빛에 반짝이는 갈릴래아 호수를 바라보고 있노라면 아늑한 평화가 어느새 마음을 촉촉이 적시고 있음을 느낄 수 있습니다. 그런 느낌 속에 눈을 감으면 예수님의 말씀이 산들거리는 바람 속에 허공을 타고 들려오는 듯합니다.

> 행복하여라, 마음의 가난한 사람들! 하늘 나라가 그들의 것이다.
> 행복하여라, 슬퍼하는 사람들! 그들은 위로를 받을 것이다.
> 행복하여라, 온유한 사람들! 그들은 땅을 차지할 것이다.
> 행복하여라, 의로움에 주리고 목마른 사람들!
> 그들은 흡족해질 것이다.
> 행복하여라, 자비로운 사람들! 그들은 자비를 입을 것이다.
> 행복하여라, 마음이 깨끗한 사람들! 그들은 하느님을 볼 것이다.
> 행복하여라, 평화를 이루는 사람들!
> 그들은 하느님의 자녀라 불릴 것이다.
> 행복하여라, 의로움 때문에 박해를 받는 사람들!
> 하늘 나라가 그들의 것이다.
>
> (마태 5,3-10)

행복 선언 기념 성당

행복 선언 기념 성당 내부 천장

행복 선언 기념 성당 내부

행복 선언 산에는 2000년 전 예수님께서 제자들과 수많은 군중 앞에서 여덟 가지 참행복을 선언하신 그 역사적 사건을 기념하고 순례자들이 참행복의 길을 되새기게 하는 아름다운 성당이 있습니다. 1938년 프란치스코회 계열의 한 수녀회가 지은 행복 선언 기념 성당입니다. 여덟 가지 참행복을 상징하는 팔각형 모양의 성당 건물과 건물 사방에 만들어 놓은 회랑은 위압적이지 않으면서도 주변 경관과 잘 어우러져 아름다운 풍경화를 보는 듯합니다. 이 성당은 이스라엘 성지의 여러 성당을 설계했다고 해서 '성지의 건축가'라는 별명을 지닌 이탈리아 건축가 안토니오 발루치(1884~1960)의 작품입니다. 자그마한 성당 안에 들어서면 역시 팔각형 기둥 안에 제대가 있고, 제대 위 팔각형 형태의 벽면 유리창에는 여덟 가지 참행복이 라틴어로 쓰여 있습니다. 제대가 있는 정면에 감실이 있고 그 반대쪽에 커다란 십자고상이 있는 구조도 특이합니다. 성당 안에 들어온 순례자들은 팔각형 모양으로 돌면서 기도를 바칠 수 있습니다. 복음서를 펴놓고 참행복 선언 말씀을 묵상하기에도 좋습니다. 순례자들의 부산한 움직임에 신경을 쓰지 않는다면 말입니다.

예수님께서 가르치신 참행복은 참으로 도전적인 가르침입니다. 참행복 선언은 세상 사람들이 일반적으로 중요하다고 여기는 가치관을 뒤엎어 버리기 때문입니다. 그리스도인들도 이해하기 힘든 가르침이 참행복 선언입니다. 하지만 곰곰이 다시 생각해 볼 필요가 있습니다. 왜 예수님께서는 마음이 가난한 사람이 행복하다고 하시는지, 왜 슬퍼하는 사람이 행복하다고 하시는지….

언젠가 어느 신학자의 글에서 읽었던 내용이 떠오릅니다. 마음이 가난한 사람이 행복한 이유는 마음이 가난해야 하느님께서 그 마음에 들어가실 수 있기 때문입니다. 슬퍼하는 사람이 행복한 이유는 하느님께서 그들과 함께하시며 그들의 슬픔을 거두어 주실 것이기 때문입니다. 우리는 그리스도 예수님 안에서 하느님의 자녀로 태어나 하느님의 영을 모시고 사는 그리스도인입니다. 하지만 일상 삶에서 하느님과 얼마나 함께하고 있는지요? 예수님께서 가르치시는 참행복 선언은 늘 세속적 가치들을 받아들이라는 유혹 속에 살아가는 우리 그리스도인들에게 중심을 바로잡으라는, 마음가짐을 올바로 하라는 강력한 초대이자 호소입니다.

행복 선언 산에서 호숫가로 걸어 내려가는 비탈에는 호수를 향해 나 있는 굴이 있습니다. 예수님께서 기도하시러 산에 가셨을 때 이용하신 굴이라고 합니다(마태 14,23 참조).

행복 선언 산 비탈의 굴

굴 안에서 내려다 본 갈릴래아 호수

그 굴에 들어가 눈 아래 펼쳐져 있는 갈릴래아 호수를 바라보며 잠시 묵상에 잠길 수 있다면 그 또한 행복 선언 산과 기념 성당 순례 여정에서 얻을 수 있는 또 다른 축복일 것입니다.

예수님 활동의 주요 무대인 갈릴래아 호수

빵의 기적 기념 성당과 막달라

"여기 보리빵 다섯 개와 생선 두 마리를 가진 어린아이가 있습니다. 그러나 이렇게 많은 사람들에게 이것이 무슨 소용이겠습니까?" 예수께서 "사람들을 앉게 하시오."라고 말씀하셨다. 그곳에는 풀이 많았던 것이다. 그래서 사람들이 앉으니 남자들의 수효가 대략 오천 명이었다. 그리하여 예수께서는 빵을 드시고 감사 기도를 드리신 다음 자리잡은 이들에게 나누어 주셨다. 그와 같이 생선도 그들이 원하는 대로 나누어 주셨다. 그들이 배불리 먹고 나니 예수께서는 제자들에게 "버려지는 것이 없도록 남은 조각들을 모아들이시오." 하고 이르셨다. 그래서 그들이 모아들였더니, 사람들이 보리빵 다섯 개를 먹고 남긴 그 조각들로 열두 광주리를 채우게 되었다. 그러자 사람들은 예수께서 행하신 표징 이적을 보고 "이분이야말로 참으로 이 세상에 오시기로 된 그 예언자이시다." 하고 말하였다.

행복 선언 기념 성당이 있는 행복 선언 산에서 비탈을 타고 갈릴래아 호숫가로 내려오면 만나게 되는 곳이 타브가입니다. 타브가는 일곱 개의 샘을 뜻하는 그리스말 헵타페곤을 아랍말로 발음하는 과정에서 변한 것이라고 합니다. 고대에는 지하수에서 솟아오른 유황 온천들이 있었는데 피부병 치료에 효험이 있어서 사람들이 많이 찾았다고 하지요. 오늘날에는 몇 군데 흔적만 있을 뿐입니다. 하지만 타브가는 성지 순례에서 빼놓을 수 없는 곳입니다. 예수님께서 빵 다섯 개와 물고기 두 마리로 오천 명을 먹이신 기적을 행하셨다는 곳이기 때문입니다. 또한 부활하신 후 호숫가에 나타나시어 고기를 잡던 제자들과 함께 빵과 생선을 드시고 베드로에게 "내 양들을 돌보아라." 하고 당부하신 곳 또한 이곳 타브가라고 전해집니다. 그래서 타브가에는 빵의 기적 기념 성당과 베드로의 수위권 기념 성당이 지척에 있습니다.

예수님께서 빵 다섯 개와 물고기 두 마리로 오천 명을 먹이신 기적은 네 복음서에 모두 나옵니다. 그런데 그 장소가 조금씩 다릅니다. 마태오 복음과 마르코 복음은 요한 세례자가 헤로데에게 죽임을 당한 후 예수님께서 배를 타고 호수 건너편 외딴곳으로 물러가셨는데 많은 군중이 육로로 따라오자 배에서 내려 그들을 가르치시다가 이 기적을 행하셨다고 전합니다(마태 14,13-21; 마르 6,30-44 참조). 루카 복음은 예수님께서 "벳사이다라는 고을로 물러가셨다."(루카 9,10)라고 구체적인 지명을 언급합니다. 벳사이다는 갈릴래아 호수 북단에서 북쪽으로 약 2km 정도 떨어진 곳인데, 어부 출신인 시몬 베드로와 안드레아의 고향이기도 합니다. 예수님 시대에는 갈릴래아 호숫가를 거니는 모습을 벳사이다에서 볼 수도 있었다고 하지요. 반면 요한 복음은 예수님께서 제자들과 함께 호수 건너편의 산에 오르셨다가 많은 군중이 오는 것을 보시고 이 기적을 행하셨다고 전합니다(요한 6,1-15 참조).

네 복음서의 기록을 종합해 보면 마태오, 마르코, 요한 복음이 전하는 장소는 거의 비슷한 곳이라고 추정할 수 있지만, 루카 복음에 나오는 벳사이다는 상당히 떨어져 있습니다. 그래서 학자들은 이방인인 루카 복음사가가 갈릴래아의 지형을 잘

빵의 기적 기념 성당 전경

빵의 기적 기념 성당 제대 부근의 바닥

빵을 많게 하신 기적 기념 성당 제대

빵의 기적 기념 성당 바닥 모자이크

몰라서 잘못 썼으리라고 추측하기도 합니다.

타브가에는 4세기 중반에 예수님께서 행하신 '오병이어五餅二魚의 기적'을 기념하는 성당이 처음 세워졌습니다. 베네딕토 수도회가 관리하는 현재의 기념 성당은 옛 성당 터에 1980년대에 개축한 성당입니다. 성당 바닥, 특히 제단 주변에는 비잔틴 시대의 것으로 보이는 아름다운 모자이크 작품들이 순례자들의 시선을 끕니다. 이 지역의 다양한 동식물을 표현한 작품들인데, 학, 백조, 거위, 연꽃, 뱀도 있습니다. 돌로 된 제대 밑에는 예수님께서 빵 다섯 개와 물고기 두 마리를 놓고 축복하셨다는 바위가 있고, 바위 앞에는 빵 네 개가 든 바구니와 그 옆에 물고기 두 마리가 역시 모자이크화로 표현되어 있습니다. 빵 하나는 어디로 갔을까요? 성지 안내자들은 우스갯소리로 순례자들에게 물어봅니다. 아마 예수님께서 손에 들고 축복하고 계시거나 아니면 빵을 떼어 나눠 주고 계시겠지요.

요한 복음의 관련 대목에서 알 수 있듯이 빵의 기적은 예수님께서 당신 몸을 생명의 빵으로 내주신 성체성사를 예시합니다. 그런데 잊지 말아야 할 것이 있습니다. 예수님께서 당신 자신을 내놓으셨듯이 우리도 사랑의 기적을 이루기 위해서는 내놓아야 한다는 사실입니다. 빵 다섯 개와 물고기 두 마리를 내놓은 어린이처럼 순수한 마음으로 가진 것을 내놓을 때 모두가 배불리 먹는 놀라운 기적을 이룰 수 있습니다. 오병이어의 기적은 이기심과 탐욕으로 사람들을 힘들게 하고 사회를 병들게 하는 이 세태에 정말로 필요하고 중요한 것이 무엇인지를 일깨웁니다.

빵의 기적 기념 성당에서 호숫가 도로를 따라 남쪽으로 내려오면 길 양쪽으로 기름진 평야가 펼쳐져 있는 것을 볼 수 있습니다. 이스라엘 사람들은 이곳을 기노사르평야라고 부르는데, 복음서에서 겐네사렛(마태 14,34; 마르 6,53; 루카 5,1 참조)이라고 부른 곳이지요. 그 끝자락쯤에 비교적 최근에 조성된 것으로 보이는 순례지가 있습니다. 막달라입니다. 루카 복음서에 "일곱 마귀가 떨어져 나간 막달레나라고 하는 마리아"(루카 8,2)가 나오는데, 이 마리아 막달레나의 고향으로 알려져 있는 곳입니다. 마리아 막달레나는 '막달라 출신의 마리아'라는 뜻이지요. 막달라는 아람어 표현이고 히브리어로는 미그달이라고 부릅니다. 기록에 따르면 예수님 시대와 거의 동시대라고 할 수 있는 기원후 1세기 중반쯤에 막달라는 인구가 4만 명이 되는 큰 항구 도시였습니다. 막달라에는 또한 갈릴래아 호수에서 잡은 물고기를 소금에 절여 저장하는 곳이 있었고, 이곳에서 염장한 물고기는 로마 제국 거의 전역에 보급되었다고 합니다. 당연히 상업이 활발했고 돈도 많은 도시였을 것입니다. 최근의 발굴 작업을 통해 이

막달라에 있는 성녀 마리아 막달레나 기념 성당 제대

빵의 기적 기념 성당과 막달라

곳에는 1세기에 회당도 있었던 것으로 확인됐습니다. 4세기 무렵 막달라에 마리아 막달레나의 집이라고 전해지는 곳에 기념 성당이 지어졌습니다. 하지만 7세기에 이슬람교도에 의해 파괴되었고 12세기에 십자군이 다시 성당을 재건했으나 십자군이 성지에서 물러난 후 성당은 마구간으로 변하고 말았습니다. 오랜 세월 잊혔던 막달라는 1960년대에 프란치스코 수도회의 고고학자들이 옛 항구와 도시 도로망 흔적 등을 발견하면서 발굴 작업을 본격화했습니다. 2012년까지만 해도 발굴 작업 등으로 인해 일반인들의 순례가 마땅치 않았는데, 그리스도의 레지오 수도회가 2014년 새 성당을 지으면서 순례자들이 기도할 수 있는 공간이 생겼습니다.

비록 물질적으로는 풍요로웠을지 모르지만 일곱 마귀에 시달릴 정도로 정신적으로나 영적으로 힘들게 살았던 마리아 막달레나. 예수님께서 그 마귀들을 쫓아내 주심으로써 성녀는 새 삶을 살게 되었고 이후 끝까지 예수님을 따라다니며 시중을 들었습니다. 예수님께서 십자가에 못 박혀 돌아가시고 무덤에 묻히시는 마지막 순간까지 지켜본 성녀는 마침내 사도들보다 먼저 예수님 부활의 첫 증인이 되었지요. 그래서 이미 3세기에 로마의 신학자 히폴리투스는 마리아 막달레나를 '사도들의 사도'라고 불렀습니다. 이런 성녀 마리아 막달레나의 삶을 묵상하는 데

성녀의 고향 막달라는 말 그대로 안성맞춤입니다. 지난 2016년 교황 프란치스코는 교회 전례력에서 마리아 막달레나의 축일(7월 22일)을 의무 기념일에서 축일로 한 단계 승격했다는 사실도 함께 알아두면 좋겠습니다.

폐허로 변한 코라진과 벳사이다, 쿠르시

예수님께서 갈릴래아 호수와 그 일대에서 하신 활동은 요즘 말로 그분의 존재감을 잘 보여 주었습니다. 사람들은 예수님의 가르침과 기적 행위에 경탄을 금치 못했습니다. 소문이 퍼지면서 예수님께서 가시는 곳마다 많은 사람이 따라왔습니다. 한마디로 예수님은 선풍적인 인기를 누리셨습니다. 하지만 모든 고을이 예수님을 환대하고 받아들인 것은 아니었습니다. 예수님께서 직접 말씀하셨듯이 예수님의 말씀과 기적을 듣고 보면서도 회개하지 않은 고을들이 있었습니다. 코라진과 벳사이다, 카파르나움이 대표적입니다(루카 10,13-15 참조) 또 예수님께서 일으키신 기적을 보고 오히려 예수님께 떠나 달라고 요청한 고을도 있습니다. 복음서들에서 호수 건너편 "게라사인들의 지방"(마르 5,1; 루카 8,26)이라고도 하고 "가다라인들의 지방"(마태 8,28)이라고도 하는 곳입니다.

코라진과 벳사이다

"불행하여라, 너 코라진아! 불행하여라, 너 벳사이다야! 너희에게 일어난 기적들이 티로와 시돈에서 일어났더라면, 그들은 벌써 자루옷을 입고 재를 뒤집어쓰고 앉아 회개하였을 것이다. 그러니 심판 때에 티로와 시돈이 너희보다 견디기 쉬울 것이다. 그리고 너 카파르나움아, 네가 하늘까지 오를 성싶으냐? 저승까지 떨어질 것이다."(루카 10,13-15)

하느님 나라의 기쁜 소식을 선포하시며 다니신 예수님께서 이렇게 특정한 고을들을 두고 독설을 쏟아 내신 것은 아주 놀라운 일입니다. 왜 그러셨을까요? 이 고을들은 예수님께서 일으키신 기적들을 보고도 회개하지 않았기 때문입니다. 마태오 복음서에서는 예수님께서 이 고을들에서 기적을 가장 많이 일으키셨다고 전합니다(11,20 참조). 그런데 복음서들은 '예수님의 도시'라고도 부르는 카파르나움에서 예수님께서 하신 활동은 여러 차례 전하면서, 코라진에서 일으키신 기적들에 대해서는 전혀 언급하지 않습니다. 벳사이다와 관련해서는 예수님께서 눈먼 사람을 고쳐 주신 일화를 소개합니다(마르 8,22-26 참조). 놀랍게도 예수님께서는 눈먼 사람을 고치시면서 "저 마을로는 들어가지 마라." 하고 말씀하십니다. 벳사이다 사람들이 이 기적조차도 믿으려 하지 않는다는 것을 아셨기 때문일까요?

코라진 회당 터

코라진 회당의 정교한 장식

코라진 회당의 모세의 자리

폐허로 변한 코라진과 벳사이다, 쿠르시

코라진은 카파르나움에서 북쪽으로 4㎞ 정도 떨어진 산악 지대에 있습니다. 오늘날 이곳은 완전히 폐허가 되어 몇몇 유적만 남아 있을 뿐이지만, 성경 말씀이나 역사 고고학자들의 조사를 통해서 볼 때 예수님 시대에 이곳에 고을이 형성되었던 것은 분명합니다. 코라진은 제2차 유다 독립 전쟁(기원후 130~135)으로 많은 유다인이 예루살렘에서 변방인 이곳 갈릴래아 지방으로 내쫓기면서 번성했다고 합니다. 그러나 4세기에 지진으로 폐허가 되고 얼마 후 고을을 이루었으나 점점 더 쇠락해, 마침내 완전히 폐허가 되고 말았습니다. 20세기 말까지 계속된 발굴 작업으로 정교하게 지어진 유다교 회당과 정결 예식 때 사용하는 목욕탕 등 2~4세기 것으로 추정되는 유적들이 모습을 드러냈습니다. 회당은 당시 유다교 회당들이 그렇듯이 예루살렘을 향해 지어져 있었는데, 흥미롭게도 돌로 깎아서 만든 '모세의 자리'가 이곳 회당 터에서 발견되었습니다. 예수님께서 말씀하신 "모세의 자리"(마태 23,2)는 율법 학자들이 앉아서 토라 곧 모세 오경을 읽는 의자를 말합니다. 회당 터에는 모형이 있고, 원형은 이스라엘 박물관에 있다고 하지요.

벳사이다는 코라진과 달리 복음서에서 몇 차례 등장합니다. 열두 사도의 으뜸인 시몬 베드로와 그의 동생 안드레아가 벳사이다 출신의 어부였고, 또 다른 사도 필립보도 벳사이다 출

벳사이다에서 보는 갈릴레아 호수

벳사이다

신입니다(요한 1,44 참조). 예수님께서는 벳사이다에서 눈먼 이를 고쳐 주시기도 하십니다(마르 8,22-26). 이로 미루어 예수님 시대에 이미 벳사이다는 어촌을 이루고 있는 큰 고을이었을 것으로 추정할 수 있습니다. 그런데 벳사이다의 정확한 위치를 놓고는 고고학자들 사이에서 견해가 엇갈립니다. 한쪽에서는 상부 요르단강이 갈릴래아 호수로 흘러드는 호수 북단에서 북쪽으로 약 2km 떨어진 상부 요르단 강변의 '엣텔'을 벳사이다라고 봅니다. 그런가 하면 갈릴래아 호수 북동쪽 해변 근처 '엘아라이'가

벳사이다라고 주장하는 쪽도 있습니다. 엣텔을 벳사이다라고 하면 어떻게 호수에서 2km나 떨어진 곳에 어촌이 형성될 수 있을까 하는 의문이 제기됩니다. 이에 대해 학자들은 현재의 지형은 지진으로 많이 바뀌었다는 논지를 펴지요. 코라진과 벳사이다는 예수님의 저주 말씀처럼 완전히 폐허가 되었습니다. 발굴 작업을 거의 완료했고 기념 성당까지 있어 수많은 순례자가 찾는 카파르나움과는 달리 코라진과 벳사이다는 순례객들의 발길마저 뜸한 편입니다. 그러나 폐허가 된 두 고을의 모습은 "불행하여라, 너 코라진아! 불행하여라, 너 벳사이다야!" 하신 예수님의 말씀을 되새기며 우리 자신의 삶을 추스르는 자극이 됩니다.

쿠르시

마태오, 마르코, 루카 세 복음서는 배를 타고 호수 건너편으로 가신 예수님께서 마귀 들린 사람을 고쳐 주시면서 수가 많은 마귀들이 돼지 떼 속에 들어가게 하시고 그 돼지들은 비탈을 내리 달려 물속에 빠져 죽었다는 일화를 전합니다(마태 8,28-34; 마르 5,1-20; 루카 8,26-39 참조). 그런데 이 일이 일어난 곳이 정확히 어디인지를 두고 의견이 분분했습니다. 마태오 복음서(8,28)는 "가다라인들의 지방"이라고 하지만, 마르코 복음서(5,1)

와 루카 복음서(8,26)는 "게라사인들의 지방"이라는 표현을 쓰고 있기 때문입니다. 지리적으로 볼 때 게라사는 갈릴래아 호수에서 55㎞나 떨어져 있고, 가다라 역시 10㎞나 떨어져 있습니다. 돼지 떼가 비탈을 내리 달려 갈릴래아 호수에 빠져 죽는다는 것이 불가능한 지역입니다. 그런 상황에서 떠오른 곳이 쿠르시입니다. 쿠르시는 갈릴래아 호수 동쪽, 이스라엘 사람들의 초기 정착촌으로 유명한 엔게브 키부츠에서 호수를 따라 북쪽으로 약 5㎞ 떨어진 곳에 있습니다. 산기슭 계곡 입구에 있는 쿠르시는 1970년에 도로 공사를 하다가 비잔틴 시대의 커다란 수도원과 성당 터를 발견하면서 발굴된 곳입니다. 여기서 조금 떨어진 언덕 위에는 작은 경당 터도 있지요. 2000년 전 예수님 시대라면 이곳에서 돼지 떼가 비탈을 내리 달려 호수에 빠져 죽는 것은 가능성이 충분합니다.

학자들은 카파르나움과 코라진, 벳사이다 같은 예수님의 활동 중심지가 5세기 이후 폐허가 되면서 호수 동쪽인 이곳 이방인들의 지역을 마귀들과 돼지 떼에 관한 일화가 있었던 장소로 보아 기념 경당을 짓고 순례하기 시작했고 수도원도 들어섰을 것으로 추정합니다.

세 복음서가 전하는 마귀와 돼지 떼에 관한 기사에는 한 가지 눈여겨볼 점이 있습니다. 마귀 들린 사람이 구원되어 멀쩡하

쿠르시의 수도원 성당 터

게라사

쿠르시의 유적

게 된 것을 본 주민들이 예수님께 자기들에게서 떠나 달라고 청을 드린 것입니다(마태 8,34; 마르 5,17; 루카 8,37 참조). 이들이 예수님께 떠나 달라고 청한 것은 우리에게 또 다른 성찰거리를 제공합니다. 혹시 우리는 우리 정서나 사고, 생활 방식에 맞지 않는다고 진리의 말씀이나 진실을 거부하거나 외면하지는 않는지요?

예수님의 신원이 드러난 카이사리아 필리피와 타보르산

이어 예수께서 그들에게 "그러면 여러분은 나를 누구라고 하겠습니까?" 하고 물으시니, 시몬 베드로가 대답하여 "선생님은 살아 계신 하느님의 아들 그리스도이십니다." 하였다. 그러자 예수께서 대답하여 이렇게 말씀하셨다. "그대는 복됩니다, 시몬 바르요나! 사람이 아니라, 하늘에 계신 내 아버지께서 그대에게 계시하신 것입니다. 나 또한 그대에게 말합니다. 그대는 베드로(바위)입니다. 나는 이 반석 위에 내 교회를 세울 터인데 저승의 성문들도 그것을 내리누르지 못할 것입니다. 나는 그대에게 하늘나라의 열쇠를 주겠습니다. 그러니 그대가 땅에서 매는 것은 하늘에서도 매여 있을 것이요, 그대가 땅에서 푸는 것은 하늘에서도 풀려 있을 것입니다."

예수님께서는 공생활 중에 권위 있는 가르침과 기적 행위로 많은 사람에게 놀라움을 안겨 주셨습니다. 예수님의 소문이 널리 퍼지면서 사람들은 예수님에 대해 궁금하게 여겼습니다. 예수님의 고향 나자렛의 주민들은 예수님을 목수 요셉의 아들로 대수롭지 않게 생각했지만, 많은 사람이 예수님을 나자렛 출신 예언자로, 또는 구약의 엘리야와 예레미야 같은 예언자로 여겼습니다.

그렇다면 예수님께서 직접 뽑아 데리고 다니신 제자들은 스승 예수님을 누구로 여겼을까요? 마태오, 마르코, 루카 세 복음서 곧 공관共觀 복음서는 예수님께서 제자들에게 당신을 누구라고 여기느냐고 물으신 이야기를 전합니다(마태 16,13-20; 마르 8,27-30; 루카 9,18-21 참조). 예수님께서는 처음에는 "사람의 아들을 누구라고들 하느냐?" 하고 사람들의 반응을 물으셨다가 다음에는 "너희는 나를 누구라고 하느냐?" 하고 제자들의 생각을 물으십니다. 이 물음에 시몬 베드로가 나서서 "스승님은 살아 계신 하느님의 아드님 그리스도이십니다." 하고 대답하지요.

시몬 베드로가 예수님께 "살아 계신 하느님의 아드님 그리스도"라고 신앙을 고백한 곳은 카이사리아 필리피 지방이었습니다. 카이사리아 필리피는 갈릴래아 호수 북단에서 북쪽으로 40km쯤 떨어진 곳으로, 예수님께서 제자들과 함께 다니신 곳으로는 가장 북쪽에 있는 지방이기도 합니다. 오늘날 바니아스라고 부르는 카이사리아 필리피는 로마 황제 아우구스투스가 헤로데 대왕에게 물려준 지역으로, 헤로데 대왕의 셋째 아들 헤로데 필리포스(루카 3,1 참조)가 물려받아 도시를 건설하고 카이사리아('황제'라는 뜻)라는 지명을 붙였습니다. 그러나 지중해 연안의 도시 카이사리아와 구별하기 위해 필리포스의 이름을 딴 필리피를 덧붙여서 카이사리아 필리피가 되었습니다. 이곳에 원래 헬레니즘 시대(기원전 4세기 중반~1세기 중반)에는 그리스 신화에 나오는 신 판(Pan, 헤르메스의 아들로 피리를 부는 목양의 신)에게 바쳐진 신전이 있었습니다. 그래서 이곳에 파네아스Paneas라는 이름이 붙었는데 후대에 아랍인들이 이 지역을 점령하면서 자신들이 발음하기 편한 바니아스라고 불렀다고 하지요.

북쪽 헤르몬산의 눈이 녹아 바위 속에 스며들었다가 다시

카이사리아 필리피 고대 유적

카이사리아 필리피 고대 유적

바니아스라고 부르는 카이사리아 필리피

솟아 나오는 수원지로도 유명한 바니아스는 깎아지른 듯한 암벽과 고대의 유적들, 수려한 자연 경관으로 이스라엘 국립 공원으로 보존되고 있습니다.

그러나 그리스도교 신자들이 이곳을 찾는 것은 무엇보다도 시몬 베드로가 예수님께 "살아 계신 하느님의 아들 그리스도"라고 신앙을 고백한 곳이기 때문입니다. 마태오 복음서에서는 시몬의 신앙 고백에 예수님께서 시몬을 '베드로' 곧 '반석'이라고 부르시며 "내가 이 반석 위에 내 교회를 세울 터인즉 저승의 세력도 그것을 이기지 못할 것이다."(마태 16,18)라고 말씀하십니다. 바니아스, 곧 카이사리아 필리피의 깎아지른 암벽은 이 성경 말씀을 묵상하기에도 좋은 곳입니다.

베드로의 이 신앙 고백이 있고 난 며칠 후 복음서들은 예수님께서 베드로와 야고보와 요한 세 제자를 데리고 높은 산에 오르시어 그 모습이 영광스럽게 변하시는 이야기를 소개합니다. 바로 예수님의 거룩한 변모에 관한 이야기입니다(마태 17,1-9; 마르 9,2-10; 루카 9,28-36 참조). 복음서들은 이 거룩한 변모 사건이 일어난 산이 어디인지 구체적으로 언급하지 않습니다. 그래서 학자들 사이에서는 아직도 의견이 엇갈리지만, 그리스도교 전승에서는 이스라엘 북부 곡창지대인 이즈르엘평야 북동쪽에 있는 타보르산을 예수님의 거룩한 변모 사건이 일어난 산으로

타보르산 거룩한 변모 기념 성당 전경

여겼습니다. 해발 580m 남짓한 타보르산은 고도는 예루살렘보다 200m나 낮지만 이즈르엘평야 일대에서는 가장 높은 산입니다. '타보르'라는 말 자체가 높다는 뜻이지요. 마치 사발을 엎어 놓은 것처럼 볼록 솟아 있는 타보르산은 주변 어디서나 볼 수 있다고 해서 이스라엘 성지를 안내하는 한국인 가이드들이 우스갯소리로 '다 보이는 산'이라고 부르기도 합니다.

타보르산에는 4세기부터 성당과 수도원이 들어서면서 순례자들의 발길이 잇따랐습니다. 12세기에 십자군이 이곳에서 패하면서 이 지역은 400년 이상 이슬람 세력이 장악하고 있었습니다. 그러다가 17세기에 들어서 프란치스코회 수도자들이 이슬람교도 군주의 허락을 받아 산 정상에 수도원과 성당을 건립하면

거룩한 변모 기념 성당 제대 뒤 천장의 모자이크화

서 다시 순례가 자유롭게 되었습니다. 초기 순례자들은 바위투성이 산에 4300개의 계단을 만들어 걸어 올라갔지만, 오늘날에는 거의 모든 순례자들이 택시를 타고 산 정상까지 올라갑니다. 길이 좁아서 대형 버스는 올라갈 수가 없기 때문이지요.

 오늘날 타보르산 정상에는 기념 성당이 두 곳 있습니다. 하나는 1911년 세워진 엘리야 성당으로 정교회가 관할합니다. 다른 하나는 이탈리아의 유명한 이스라엘 성지 건축가 안토니오 발루치의 설계로 1924년에 세워진 주님의 거룩한 변모 기념 성당인데, 프란치스코회가 관할하고 있지요. 주님의 거룩한 변모 기념 성당에 들어서면 양쪽으로 모세와 엘리야에게 바친 경당이 있습니다. 모세와 엘리야는 예수님께서 거룩하게 모습이 변할 때 예수님 곁에 나타나 예수님과 대화를 나눈 구약의 위대한 예언자들입니다. 성당 중앙 제대 뒤 천장 쪽에는 예수님이 중앙에서 모세와 엘리야와 함께 이야기를 나누고 세 제자가 이를 지켜보는 모습을 그린 모자이크화가 눈길을 끕니다.

카이사이라 필리피에서 "스승님은 살아 계신 하느님의 아드님 그리스도이십니다."라는 베드로의 신앙 고백이 끝나자마자, 예수님께서는 당신이 사람들에게 배척을 받고 죽었다가 사흘 만에 부활할 것이라고 예고하십니다. 그뿐 아니라 당신을 따르려는 사람은 누구나 자신을 버리고 자기 십자가를 지고 따라야 한다고까지 말씀하십니다(마태 16,21-28; 마르 8,31-9,1; 루카 9,22-27 참조). 스승에게서 영광과 영예를 기대했던 제자들은 예수님의 이런 말씀이 지극히 실망스러웠을 것입니다. 그런 상황에서 예수님께서는 타보르산에 오르시어 당신의 영광스러운 변모를 세 제자에게 보여 주신 것이라 하겠습니다. 그래서 예수님의 거룩한 변모가 일어난 타보르산은 우리 그리스도인들에게는 용기와 희망을 주는 산입니다. 삶이 힘들고 신자로서 살아가는 것이 부담스럽게만 여겨질 때가 있습니다. 그럴 때 고개를 들어 타보르산을 바라봅시다. 영광스럽게 변모하신 예수님께서 우리를 지켜보시면서 우리에게 힘이 되어 주실 것입니다. 그 힘에 의지해 두 발을 땅에 굳건히 내디디며 현실의 어려움을 헤쳐 나갑시다.

✦✦
자캐오의 도시 예리코

예수께서 예리고로 들어가 거리를 지나가고 계셨다. 그런데 마침 거기에 이름을 자캐오라 하는 사람이 있었는데 그는 세관장이었고 또 부자였다. 그는 예수가 어떤 분인지 보려고 애썼으나 군중 때문에 볼 수가 없었다. 그는 키가 작았던 것이다. 그래서 그는 예수를 보려고 앞질러 달려가서는 돌무화과나무 위에 올라갔다. 예수께서 거기를 지나가실 참이었기 때문이다. 예수께서 그곳에 이르러서는 쳐다보시고 그에게 "자캐오, 얼른 내려오시오. 오늘은 내가 당신 집에 머물려야 하겠습니다." 하고 말씀하셨다. 그러자 자캐오는 얼른 내려와 기뻐하며 그분을 자기 집에 모셔들였다.

마태오, 마르코, 루카 복음서들은 예수님께서 갈릴래아를 중심으로 활동하시다가 "때가 차자"(루카 9,51) 예루살렘으로 올라가시는 것으로 전하고 있습니다. 갈릴래아에서 예루살렘으로 가려면 우선은 사마리아 지방을 거쳐야 합니다. 사마리아는 구약 시대에 솔로몬 임금이 죽은 후 이스라엘이 남쪽의 유다 왕국과 북쪽의 이스라엘 왕국으로 갈라지고 나서 북왕국 이스라엘이 수도로 삼은 도시 이름이자 그 일대 지역 이름이기도 합니다. 그런데 사마리아 사람들은 유다인들과 사이가 좋지 않았습니다. 사마리아 사람들이 야훼 신앙에서 벗어나 이민족의 신들을 섬기는 종교 혼합주의에 빠졌기 때문입니다. 유다인들과 사마리아인들은 서로 대면하는 것조차 꺼렸습니다. 이는 예수님 시대도 마찬가지였습니다. 한 사마리아 여인이 유다인인 예수님께서 자기에게 말을 건네는 것을 이상하게 여겼다는 요한 복음

예리코 시내

(4,9)의 이야기나 사마리아의 한 마을이 예수님 일행을 받아들이기를 거부했다는 루카 복음(9,53)의 기사에서 이런 점을 확인할 수 있습니다. 그래서 유다인들이 북부 갈릴래아에서 예루살렘이 있는 남부 유다 지방으로 가기 위해서는 사마리아를 피해서 돌아서 가곤 했습니다. 이렇게 돌아서 예루살렘으로 가는 길목에 있는 도시 중 하나가 예리코였습니다.

예루살렘에서 동쪽으로 40km쯤 떨어져 있는 예리코는 세계에서 가장 오래된 도시에 속합니다. 고고학자들에 따르면 예리코는 기원전 9000년쯤에 사람이 살았던 흔적이 있고, 기원전 7000년쯤에는 원시 상태이지만 이미 도시 형태를 갖추었다고 하지요. 예루살렘이 있는 산악 지방이 아니라 황량한 광야에 있는 예리코에 이렇게 일찍 도시가 형성된 것은 어쩌면 지형적 위치 때문이 아닌가 생각해 봅니다.

예리코는 '종려나무의 도시'라는 뜻입니다. 종려나무가 그만큼 많다는 것입니다. 광야에 종려나무가 많다는 것은 물이 많다는 것인데, 실제로 예리코는 수량이 풍부해 오아시스의 도시라고도 부릅니다. 예리코에 물이 많은 이유는 고도가 낮기 때문이기도 합니다. 사실 예리코는 지구상에서 가장 낮은 도시이기도 합니다. 유다 광야 동쪽 끝자락에 있는 예리코는 해발 고도가 마이너스 258m입니다. 해수면보다 258m나 아래에 있는 도시인 것입니다. 물은 위에서 아래로 흐르는 법이니, 상식적으로 생각해 보더라도 물이 많으리라고 예상할 수 있습니다.

예리코는 또한 구약 성경에만 60번 이상 나오는 성경의 도시입니다. 이스라엘 백성이 40년 동안 광야에서 헤매다가 요르단강을 건너 처음으로 점령한 가나안 땅이 바로 예리코였습니다. 구약 성경 여호수아기 6장은 예리코 성읍 점령에 관한 이야기를 잘 묘사하고 있지요. 또 열왕기 하권(2,19-22 참조)에는 엘리사 예언자가 예리코 성읍 주민들의 청원을 듣고는 생명력을 잃어 죽은 물이 된 예리코의 샘물을 다시 살아 있는 물로 만드는 기적을 행하는 이야

엘리사의 샘

기가 나옵니다. 엘리사의 샘이라고 부르는 이 샘물은 오늘날까지도 예리코 주민들의 주된 식수원이 되고 있습니다.

예수님 시대에 예리코는 사제 계급과 레위인들의 도시이기도 했습니다. 사제와 레위인을 합쳐 만이천 명이 살았다고 합니다. 예수님께서 착한 사마리아인의 비유(루카 10,29-37 참조)에서 강도를 당해 초주검이 된 사람을 외면하고 가는 사람으로 사제와 레위인을 언급하신 것도 이런 사실과 무관하지 않다고 봅니다. 착한 사마리아인의 비유는 "어떤 사람이 예루살렘에서 예리코로 내려가다가…"로 시작하지요. 이때 '내려가다'라는 표현은 서울에서 지방으로 내려간다는 뜻보다는 실제로 가파른 언덕길을 내려간다는 의미라고 할 수 있습니다. 해발 750m에 있는 예루살렘과 해수면 아래 258m에 있는 예리코의 고도 차이가 무려 1km나 되기 때문입니다. 예수님께서는 사마리아를 거쳐 예루살렘으로 가시는 길에 예리코에 들르시는데, 이곳에서 대단히 감동적인 이야기가 펼쳐지지요. 자캐오 이야기입니다(루카 19,1-10 참조).

예리코에 돈 많은 세관장 자캐오가 있었습니다. 그는 예수님께서 지나가신다는 말에 예수님이 누구신지 보려고 했으나 키가 작아 볼 수가 없었습니다. 그래서 사람들을 앞질러 달려가 돌무화과나무 위에 올라갔습니다. 예수님께서 그곳에 이르러

예리코 유혹의 산

예리코 자캐오의 나무

자캐오의 도시 예리코

위를 쳐다보시며 "자캐오야, 얼른 내려오너라. 오늘은 내가 네 집에 머물러야 하겠다."고 말씀하십니다. 자캐오는 내려와 기쁜 마음으로 예수님을 모시지요. 사람들은 예수님이 죄인의 집에 묵으신다고 못마땅해했습니다. 하지만 자캐오는 예수님께 자기 재산의 반을 가난한 이들에게 주고 횡령한 것이 있다면 네 곱으로 갚겠다고 말씀드립니다. 그 말씀에 예수님께서는 "오늘 이 집에 구원이 내렸다. 사람의 아들은 잃은 이들을 찾아 구원하러 왔다."고 말씀하십니다.

이 이야기는 여러 가지를 생각하게 합니다. 그는 왜 예수님을 만나고 싶어 했을까? 세관장이라면 기관장인데 왜 그는 부끄러움을 무릅쓰고 달려가 돌무화과나무에 올라갔을까? 부유한 그가 재산의 절반이나 가난한 사람들에게 나눠 주고 횡령한 것의 네 곱까지 갚겠다고 마음의 변화를 일으킨 것은 무엇 때문일까? 자캐오가 올라갔다고 하는 돌무화과나무는 예리코 시내 중심가에서 약간 떨어진 곳에 있습니다. 물론 실제로 자캐오가 오른 그 나무는 아닙니다. 그러나 수령 천 년이 넘었을 커다란 돌무화과나무는 자캐오 이야기를 되새길 수 있는 더할 나위 없이 훌륭한 소재입니다.

복음서들은 또 예수님께서 예리코에서 바르티매오라는 눈먼 거지를 고쳐 주셨다고 전합니다(마태 20,29-34; 마르 10,46-52;

루카 18,35-43 참조). 바르티매오는 예수님께서 지나가신다는 소리에 자비를 베풀어 달라고 큰 소리로 외칩니다. 사람들이 제지하지만 아랑곳하지 않고 더욱 큰 소리로 요청하고 마침내 눈을 뜨게 되지요.

예수님을 보기 위해 체면도 아랑곳없이 달려가 돌무화과나무 위로 오른 자캐오. 사람들의 제지에도 불구하고 더욱 큰 소리로 자비를 베풀어 달라고 절규한 눈먼 거지. 그리고 예리코에서 예루살렘으로 올라가는 길목에서 일어난 착한 사마리아인의 비유 이야기. 예리코는 이렇게 우리에게 누구를 찾아야 하고 무엇을 추구해야 하며 어떻게 살아야 하는지를 일깨웁니다.

라자로를 살리신 동네 베타니아

예수께서 "돌을 치우시오." 하고 말씀하시자 죽은 이의 동기 마르타가 "주님, 나흘이나 되어 벌써 냄새가 납니다." 하고 아뢰었다. 예수께서는 그에게 "믿기만 하면 하느님의 영광을 보게 되리라고 내가 당신에게 말하지 않았습니까?" 하고 말씀하셨다. 그러자 사람들이 돌을 치웠다. 예수께서는 눈을 들어 우러러보시며 말씀하셨다. "아버지, 제 청을 들어주셔서 아버지께 감사드리옵니다. 아버지께서 언제나 제 청을 들어주시는 줄을 저는 알고 있사옵니다. 그러나 여기 둘러서 있는 군중 때문에 제가 말씀드렸사오니, 이는 아버지께서 저를 보내셨음을 그들로 하여금 믿게 하려는 것이옵니다." 이렇게 말씀하시고는 큰 소리로 "라자로야, 나오너라." 하고 외치셨다. 그러자 죽었던 이가 손과 발이 띠로 묶인 채 나왔는데 그 얼굴은 수건으로 감싸여 있었다. 예수께서 그들에게 "그를 풀어 주어 가게 하시오." 하고 말씀하셨다.

복음서에는 '베타니아'라는 지명이 총 열두 번 나옵니다. 그런데 딱 한 번 다른 장소를 가리킵니다. 요한 세례자가 사람들에게 회개하고 죄의 용서를 위한 세례를 받으라고 선포하며 활동하던 베타니아입니다. "요르단강 건너편 베타니아"(요한 1,28)라고 부릅니다. 나머지 열한 번은 모두 같은 장소를 언급하는데 예루살렘에서 멀지 않은 곳입니다. 앞서 요르단강 건너편 베타니아를 이미 살펴봤으므로, 여기서는 이 두 번째 베타니아에 대해 알아봅니다.

예수님 시대에 베타니아는 예리코를 통해 예루살렘으로 들어올 때 머무는 마지막 동네였습니다. 예루살렘 도성이 한눈에 내려다보이는 올리브산 남동쪽 비탈에 자리 잡은 베타니아는 "예루살렘에서 열다섯 스타디온쯤 되는 가까운 곳"(요한 11,18)이었습니다. 오늘날의 도량형으로 바꾸면 약 2.8km 떨어진 곳입니

라자로의 무덤

다. 걸어서 한 시간도 되지 않는 거리입니다. 그래서 예수님께서는 예루살렘에 들어가셨다가 저녁이 되면 베타니아로 나와 묵으셨다고 복음서들은 전합니다(마르 11,11; 마태 21,17 참조).

    이제 베타니아에서 있었던 예수님의 일화들을 살펴봅니다. 요한 복음서는 예수님께서 죽은 라자로를 다시 살리신 일을 길게 전합니다(요한 11,1-44 참조). 마리아와 그의 언니 마르타의 오빠인 라자로가 병을 앓고 있었습니다. 그래서 자매가 사람을 보내어 "주님, 주님께서 사랑하시는 이가 병을 앓고 있습니다." 하고 말씀드리게 하지요. 이 표현으로 보아 예수님과 라자로는 친분이 깊었음을 알 수 있습니다. 그렇지만 예수님께서는 라자로에게 바로 가지 않으시고 이틀이 더 지난 후에 가십니다. 그 사이 라자로는 죽어서 동굴 무덤에 묻힙니다. 예수님께서 동굴 무덤에 가셨을 때 라자로는 이미 죽은 지 나흘이나 되어 냄새가 나고 있었습니다. 예수님께서는 무덤을 막은 돌을 치우게 하시고는 기도를 드리신 후 "라자로야, 이리 나와라." 하고 부르십니다. 그러자 죽었던 라자로가 살아서 걸어 나오지요. 그런데 이 소식이 알려지면서 예루살렘에서는 수석 사제들과 바리사이들이 최고 의회를 소집해 예수님을 죽이기로 결의합니다(요한 11,45-53 참조).

    요한 복음서와 함께 마태오와 마르코 두 공관 복음서는 예수님께서 베타니아에서 시몬이라는 나병 환자 집에 계실 때 있었던 일을 전합니다(마태 26,6-13; 마르 14,3-9; 요한 12,1-8 참조). 어떤 여인이 식탁에 앉아 계신 예수님의 머리에 값진 향유를 부었습니다. 이를 본 몇 사람이 '저 비싼 향유를 팔아서 그 돈으로 가난한 사람들에게 나눠 줬으면' 하고 못마땅하게 여겼습니다. 그러자 예수님께서는 "가난한 이들은 늘 너희 곁에 있지만, 나는 늘 너희 곁에 있지는 않을 것이다. 이 여자가 내 몸에 이 향유를 부은 것은 내 장례를 준비하려고 한 것이다."(마태 26,11-12) 하고 말씀하시지요.

그런데 같은 내용을 전하면서 요한 복음서는 마태오, 마르코 두 복음서와 약간 차이가 있습니다. 요한 복음서에는 '나병 환자 시몬의 집'이라는 언급이 없는 대신에 라자로와 그의 두 동생 마르타와 마리아가 등장하지요. 마르타는 시중을 들고 있고, 마리아는 향유를 예수님의 발에 붓고 머리카락으로 닦아 드립니다(반면 마태오, 마르코 두 복음서에서는 여인의 이름이 없고 머리에 기름을 부었다고 나옵니다).

한편 루카 복음서에는 나병 환자 시몬의 이야기가 없습니다. 대신에 예수님께서 마르타와 마리아의 집에 들어가셨다는 이야기(루카 10,38-42 참조)를 전하는데 다른 복음서들에는 없는 내용입니다. 마르타는 손님들의 시중을 드느라 바쁜데, 마리아는 예수님 발치에 앉아 말씀을 듣기만 합니다. 참다못한 마르타가 예수님께 자기를 좀 도와주도록 동생에게 이야기해 달라고 부탁드립니다. 그러나 예수님께서는 오히려 마리아가 좋은 몫을 택했다고 말씀하시지요.

세 이야기는 모두 복음서들에서 나름대로 독특한 자리를 차지하고 있어서 이야기의 무대가 되는 베타니아는 예수님의 자취를 따라 이스라엘을 순례하는 이들이라면 한번쯤 가 보고 싶어 하는 곳이기도 합니다. 하지만 오늘날, 특히 단체 순례자들은 베타니아를 순례하기가 쉽지 않습니다. 대부분의 성지 순례 여행사들이 순례 여정에서 제외하기 때문입니다. 가장 큰 이유는 불편함입니다. 베타니아는 팔레스타인 주민들이 사는 아랍인 마을입니다. 올리브산 정상에서 자동차로 10분 거리에 있지만, 이스라엘 당국이 세운 거대한 분리 장벽이 가로막고 있어서 돌아서 가야 하는데 몇 배의 시간이 걸립니다. 게다가 툭하면 이스라엘 군인들의 불심 검문이 있어서 여행사들이 가기를 꺼리지요.

예수님 시대의 베타니아는 오늘날 아랍어로 '엘 아자리예'라고 부릅니다. 라자로의 이름을 연상케 하는 이름입니다. 실제로 엘 아자리예는 라자로가 묻혔다는 무덤을 중심으로 형성된 마을이라고 합니다. 마을에 들어가면 라자로의 무덤과 그 위에

라자로 기념 성당 정면

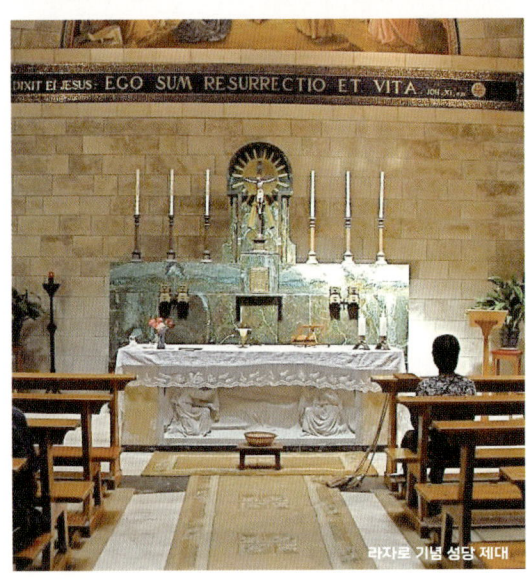

라자로 기념 성당 제대

건립한 기념 성당을 순례할 수 있습니다. 라자로의 무덤 위에는 매우 이른 시기부터 예수님께서 라자로를 다시 살리신 일을 기념하는 성당이 세워졌다고 하지요. 4세기에는 지진으로 무너졌다가 그 위에 다시 더 큰 성당이 건립되기도 했습니다. 하지만 12세기 이후 이슬람교도에 의해 성당이 파괴되었고 14세기에는 그 자리에 이슬람교 성전 모스크가 세워졌습니다. 그러다가 16세기에 프란치스코회 수사들이 바위를 잘라내고 현재의 출입구를 만들었다고 합니다.

베타니아에서 순례자들은 '라자로의 무덤'이라고 쓰인 팻말을 보고 무덤 입구로 들어갈 수 있습니다. 무덤까지 가려면 모두 27개의 계단을 내려가야 합니다. 24계단을 내려가면 약간 평평한 곳이 나오는데, 예수님께서 라자로에게 무덤에서 나오라고 부르신 곳이라고 합니다. 거기에서 다시 세 계단을 더 내려가면 라자로의 무덤으로 사용했다는 방이 있습니다. 길이가 2m 남짓합니다. 어두컴컴한 동굴 같은 곳이지만, 서 있으면 *"라자로야, 이리 나와라."* 하신 예수님의 음성이 들리는 듯합니다. 그 음성은 2000년 전 라자로를 부르는 소리가 아니라 지금 나의 내면을 일깨우는 주님의 부르심일지 모릅니다.

라자로의 무덤 위쪽으로는 그리스 정교회에서 관리하는 기념 성당이 있고, 아래쪽으로는 이슬람 사원과 프란치스코회 수도자들이 관리하는 가톨릭 기념 성당이 나란히 있습니다. 1954년에 완공된 이 성당 역시 이스라엘의 주요 성지 성당들을 건축한 이탈리아 건축가 안토니오 발루치의 작품입니다. 성당 벽에는 창문이 하나도 없습니다. 유일한 창문은 천장에 있는 원형 창문입니다. 벽이 없는 무덤의 어두컴컴함과 위로부터 쏟아지는 부활의 빛이 묘하게 대비되는 천재 건축가의 기량과 신심이 돋보이는 작품입니다.

이스라엘이 세운 분리 장벽에 갇혀 있는 베타니아. 생명으로부터 단절된 죽음의 벽을 뚫고 다시 생명으로 돌아오는 길을 묵상하기에 좋은 곳입니다. 마리아가 향유를 예수님 발에 붓는 것을 못마땅하게 여기는 이들에게 "가난한 이들은 늘 너희와 함께 있지만, 나는 늘 너희 곁에 있지 않을 것이다."(요한 12,8) 하시고, 또 "마르타야, 마르타야! 너는 많은 일을 염려하고 걱정하는구나. 그러나 필요한 것은 한 가지뿐이다."(루카 10,41-42) 하신 예수님 말씀이 오늘을 살아가는 우리에게, 지금 나에게 무슨 의미를 지니는지도 새겨 보면 좋겠습니다.

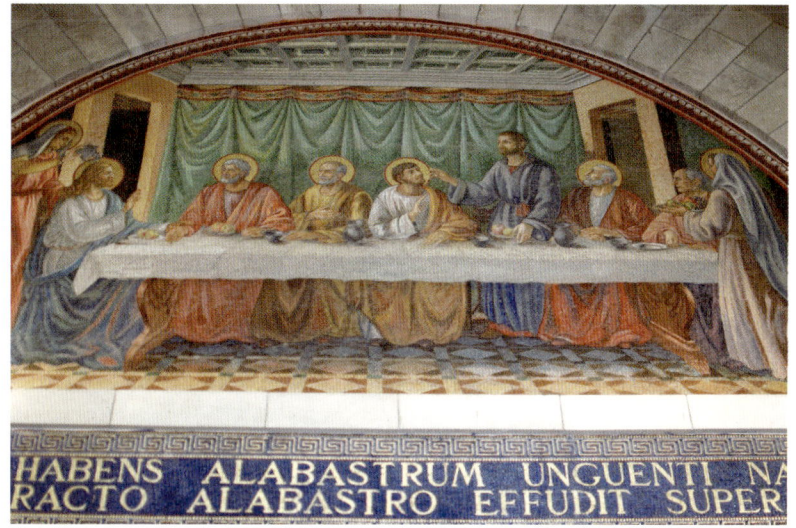

나병 환자 시몬의 집에서 있었던 일을 그린
모자이크화

라자로 기념 성당 제대 뒷벽

라자로를 살리신 동네 베타니아

올리브산 정상
주님의 기도 성당과
중턱 주님 눈물 성당

"그러니 여러분은 이렇게 기도하시오. 하늘에 계신 우리 아버지, 아버지의 이름을 거룩히 드러내소서, 아버지의 나라가 오게 하소서, 아버지의 뜻이 하늘에서와 같이 땅에서도 이루어지게 하소서, 우리가 일용할 양식 오늘 우리에게 주소서, 그리고 우리가 우리에게 빚진 이들을 용서하였듯이 우리의 빚을 면제하소서, 우리를 유혹에 빠지지 않게 하시고, 오히려 우리를 악에서 구하소서. 사람들에게 그들의 잘못을 용서하면 여러분의 하늘의 아버지께서도 여러분을 용서하실 것입니다. 그러나 사람들을 용서하지 않으면 여러분의 아버지께서도 여러분의 잘못을 용서하지 않으실 것입니다."

예루살렘 동쪽 올리브산에는 예수님의 자취를 더듬고 그분의 가르침을 되새기는 기념 성당이 곳곳에 있습니다. 예수님께서 제자들에게 주님의 기도를 가르치셨다고 하는 곳에 세워진 주님의 기도 성당과 예수님께서 예루살렘의 멸망을 예고하며 우신 것을 기념하는 주님 눈물 성당도 올리브산에 있습니다.

주님의 기도 성당

올리브산 정상 부근에 있는 주님의 기도 성당은 예수님께서 제자들에게 주님의 기도를 가르쳐 주셨다는 곳에 세워진 기념 성당입니다. 예수님께서 주님의 기도를 가르쳐 주셨다는 일화는 마태오(6,9-13)와 루카(11,2-4) 두 복음서가 전합니다. 그런데 그 무대가 서로 다릅니다. 마태오 복음은 예수님께서 갈릴래아에서 하신 산상 설교(마태 5-7장)의 일환으로 주님의 기도를 가르쳐 주셨다고 전하지만, 루카 복음은 예수님께서 갈릴래아에서 예루살렘으로 가시는 도중 기도하는 법을 가르쳐 달라는 제자들의 요청에 주님의 기도를 가르쳐 주셨다고 전합니다. 루카 복음사가는 이 일화를 예수님께서 올리브산 동쪽 비탈 베타니아에 있는 마르타와 마리아의 집을 방문하신 내용 다음에 배치합니다.

주님의 기도 성당 지하 동굴

주님의 기도 성당 지하에는 20명 남짓 들어가서 쉴 수 있는 동굴과 가운데에 큰 바위가 있는데 예수님께서 이 바위에 앉아 제자들을 가르치셨다고 전해 옵니다. 전승에 따르면 예수님께서 예루살렘의 멸망과 최후 심판에 관해 제자들을 가르치신 곳도 이 자리라고 합니다(마태 24,3-26,5 참조). 원래 이 자리에는 로마 황제 콘스탄티누스의 어머니 성녀 헬레나가 330년쯤에 지은 큰 성당이 있었습니다. 예루살렘의 주님 무덤 성당과 베들레헴의 주님 성탄 성당과 함께 3대 성당으로, 주님의 승천을 기념하는 성당이었다고 하지요. 성당 이름은 올리브가 있다는 뜻을 지닌 그리스말 '엘레오나'였습니다. 하지만 이 성당은 7세기 페르시아 군대에 의해 파괴되고 말았습니다. 현재의 성당은 주님의 기도에

주님의 기도 성당 벽면에 각국 언어로 적힌 주님의 기도문

주님의 기도 성당 회랑

대한 신심이 각별했던 프랑스 오베르뉴 지방의 오렐리 공주가 1875년에 지었습니다. 그래서 이 성당을 '파테르 노스테르'(Pater Noster, 주님의 기도를 뜻하는 라틴어)라고 부릅니다. 오렐리 공주는 성당 옆에 가르멜 수녀원도 지어 봉헌했습니다. 지금도 가르멜 수녀원이 이 성당을 관리합니다.

콘스탄티누스 황제 시대의 엘레오나 성당 모습을 부분적으로 반영하고 있는 주님의 기도 성당은 가운데 정원을 성당 회랑이 삼면을 둘러싼 구조인데, 세계 각 나라 140개 언어로 주님의 기도가 똑같은 크기의 타일 판에 적혀 회랑 벽면을 장식하고 있습니다. 언어는 달라도 한마음으로 주님의 기도를 바친다는 것을 확인할 수 있어 그 자체가 감동을 안겨 줍니다. 한글로 적힌 주님의 기도문 타일 판은 개신교 기도문과 가톨릭 기도문 두 개가 있습니다. 원래는 부산교구에서 기증한 가톨릭 기도문이 붙어 있었는데, 한 개신교 목사가 개신교 기도문으로 바꿔치기했고, 그 후 다시 가톨릭 기도문을 따로 만들어 붙여서 두 개가 된 것입니다. 씁쓸하기도 하고 안타깝기도 합니다. 어쨌거나 주님의 기도 성당은 주님께서 친히 가르쳐 주신 기도를 바치며 묵상할 수 있는 좋은 공간입니다. 순례자들은 벽면에 각 나라 언어로 쓰인 주님의 기도를 살펴보면서 회랑을 한 바퀴 돈 후에 지하 동굴에서 예수님께서 제자들에게 주님의 기도를 가르치시던 2000년 전 당시의 모습을 떠올리며 기도하고 묵상할 수 있습니다. 성당 안은 제대 오른편으로 창살이 있고 그 너머로 가르멜 봉쇄 수녀원의 수녀들이 기도하고 미사를 드리는 모습을 볼 수 있습니다.

주님 눈물 성당

주님의 기도 성당에서 500m쯤 떨어진 올리브산 서쪽 경사면 중턱에는 주님 눈물 성당이 있습니다. 예수님께서 예루살렘에 가까이 이르러 예루살렘의 멸망을 예고하며 우셨다는 곳에 세워진 기념 성당입니다(루카 19,41-44 참조). 성당 구내에 들어서면 황금 돔을 비롯해 성전산, 시온산, 골고타 언덕까지 예루살렘 옛 도시를 한눈에 조망할 수 있습니다. 겉모습이 눈물방울처럼 생긴 이 작고 아름다운 성당 역시 안토니오 발루치의 작품입니다. 성당은 프란치스코회가 관리하고 있지요. 성당이 있는 자리에는 원래 예언자 한나(루카 2,36-38 참조)에게 봉헌된 비잔틴식 성당이 있었다고 합니다. 지금도 그 유적이 남아 있습니다.

성당에 들어서면 제대 뒤편 성체와 성작, 십자가 문양이 있는 아치형 유리창 너머로 옛 예루살렘 모습이 한눈에 들어옵니다. 순례자들은 성당 안에서 이 유리창을 통해 예루살렘을 보면서 예수님의 말씀을 좀 더 깊이 묵상할 수 있지요. 얼핏 보면 이

주님 눈물 성당

제대 뒤 유리창

성당 안 제대 아래 암탉 모자이크

슬람 사원이 있는 황금 돔이 정면에 들어오지만, 실제로는 주님 무덤 성당을 보며 묵상하도록 한 것이라고 합니다. 또 제대 아래에는 암탉이 병아리들을 날개 아래로 모으는 모습의 모자이크 그림이 있어 예수님께서 예루살렘을 두고 한탄하신 말씀을 떠올리게 합니다. "예루살렘아, 예루살렘아! …암탉이 제 병아리들을 날개 밑으로 모으듯, 내가 몇 번이나 너의 자녀들을 모으려고 하였던가? 그러나 너희는 마다하였다. 보라 너희 집은 버려져 황폐해질 것이다."(마태 23,37-38; 루카 13,34-35)

올리브산에 있는 주님의 기도 성당과 주님 눈물 성당은 우리 그리스도교 신자들이 무엇을 우선순위로 두고 살아야 하는지를 묵상하게 합니다. 구체적인 삶의 방식은 저마다 다를 수 있지만 한 가지는 분명합니다. 먼저 하느님의 나라와 그분의 의로움을 찾는 일입니다. 그러면 다른 모든 것은 곁들여 받게 될 것입니다(마태 6,33 참조).

벳자타 못과
성녀 안나 성당

그런데 거기에는 삼십팔 년 동안이나 병으로 앓아 온 어떤 사람이 있었다. 예수께서는 그가 누워 있는 것을 보시고 그가 이미 오랫동안 앓고 있음을 아시자 그에게 "당신은 건강해지기를 원합니까?" 하고 물으셨다. 그 병자 역시 대답하였다. "주님, 물이 출렁거릴 때에 저를 못 속에 넣어 줄 사람이 저에게는 없습니다. 제가 가는 동안에 다른 이가 저보다 먼저 내려갑니다." 예수께서 그에게 "일어나 당신의 침상을 들고 걸어가시오." 하고 말씀하셨다. 그러자 그 사람은 당장 건강해져 자기 침상을 들고 걸어갔다. 그날은 안식일이었다.

요한 복음서에는 예수님께서 벳자타 못 가에서 병자를 고치신 이야기가 나옵니다. 유다인들의 축제 때가 되어 예수님께서 예루살렘에 올라가셨을 때 일입니다. 예루살렘 성전의 북쪽 벽에는 '양 문'이 있었습니다. 성전에 바칠 양들이 주로 이 문을 통해 다녔다고 해서 그렇게 불렀으며 기원전 5세기 예루살렘 성벽 보수 공사를 하면서 세운 문입니다(느헤 3,1-32 참조). 양 문 근처에는 '벳자타'라는 못이 있었는데, 그 말은 '자비의 집'이라는 뜻입니다. 그 못에는 주랑이 다섯 채 딸려 있었고, 그곳에는 많은 환자가 있었습니다. 못의 물이 출렁일 때 제일 먼저 물에 들어가는 사람은 무슨 병이나 치유된다고 해서 물이 출렁이기를 기다리던 이들이었습니다. 그 가운데는 38년 동안이나 병을 앓은 사람도 있었는데, 예수님께서 *"일어나 네 들것을 들고 걸어가거라."* 하고 말씀하시며 그 사람을 치유해 주십니다(요한 5,1-9 참조).

올리브산에서 예루살렘을 내려다보면 황금 돔이 보이는 성벽 오른쪽에 성 안으로 들어가는 문이 있습니다. 사자 모습의 문양이 있어서 사자 문이라고도 하고, 첫 순교자 스테파노가 그 부근에서 순교했다고 스테파노 문이라고도 합니다. 이 문을 통과해 들어가면 왼쪽으로는 예루살렘 성전이 있던 곳으로 이어집니다. 예루살렘 성전에서 양 문을 통해 북쪽으로 나오는 길이기도 하지요. 베자타 못은 이 사자 문을 통과해서 정면으로 난 길을 따라 50m 남짓 가면 오른쪽에 있습니다. 못 입구는 나무와 숲이 우거져 있고 새 소리도 들을 수 있어 정원 같은 분위기입니다. 오른쪽에는 큰 성당이 하나 있는데 동정 마리아의 어머니 안나의 이름을 딴 성녀 안나 성당입니다. 이 성당을 지나 몇 걸음 더 걸으면 벳자타 못 유적지입니다. 깊이 약 10m에 이르는 매우 깊은 곳이지만 물은 거의 찾아볼 수 없습니다. 폐허가 된 성당의 흔적만 볼 수 있습니다. 예수님 시대에 벳자타에는 두 개의 못이 있었다고 합니다. 처음 못은 기원전 8세기에 골짜기를 막아 댐을 만든 것인데, 빗물을 모아 성전과 주민들이 사용했다고 하지요. 기원전 3세기에 두 번째 못이 만들어졌고, 기원전 1세기에는 못에 딸린 욕조들이 생겨나기 시작했습니다. 예수님께서 38년이나 앓던 사람을 낫게 하신 것이 이 시기쯤이었을 것입니다.

사자 문

벳자타 못(남쪽 못)

벳자타 못(십자군 성당 유적)

이 벳자타 못 유적은 오랫동안 드러나지 않다가 19세기 이후에야 고고학적 발굴을 통해 실체가 밝혀지기 시작했습니다. 직사각형으로 된 두 개의 못과 욕조, 주랑의 흔적들이 발견됐습니다. 그리스 신화에 나오는 의술과 치유의 신 아스클레피우스에게 바쳐진 신전 흔적도 있었던 것으로 보아 이곳에서 병의 치유가 이뤄졌다는 이야기가 전혀 허구는 아니라고 할 수 있습니다.

벳자타 못 유적지에는 비잔틴 시대와 십자군 시대 성당의 흔적들이 남아 있습니다. 5세기 비잔틴 제국 황후 아엘리아 에우도키아는 아스클레피우스 신전 자리에 큰 성당을 짓고 예수님의 어머니 마리아께 바쳤습니다. 동정 마리아께서 벳자타에서 태어나셨다는 전승을 따른 것이지요. 하지만 성당은 614년 페르시아인들에 의해 파괴되고, 그 후 십자군 시대에 예루살렘에 들어온 십자군들이 작은 성당을 지었습니다. 이 성당 역시 파괴되어 현재는 성당 입구 쪽과 제대 뒷벽 일부가 남아 있습니다. 그러나 자세히 관찰하지 않으면 잘 알 수 없습니다.

벳자타 못을 순례할 때 두 가지 정도를 생각해 보면 좋을 것 같습니다. 먼저 예수님께서 고쳐 주신 그 병자는 38년이나 앓고 있었는데, 그에게는 도와줄 사람이 아무도 없었습니다. 우리가 먼저 사랑과 관심을 쏟아야 할 사람은 친한 사람이 아니라

가장 힘없고 약한 사람이어야 한다는 것을 예수님께서는 이 치유 기적으로 말씀하시는 것은 아닐까요? 다음으로, 예수님께서 병자를 고쳐 주신 날은 안식일이었습니다. 유다인들은 안식일에 예수님께서 그런 일을 하셨다고 해서 예수님을 박해하기 시작합니다(요한 5,16 참조). 하지만 예수님께서는 38년이나 앓는 사람을 고쳐 주시는 일이 안식일에 일해서는 안 된다는 규정보다 훨씬 중요했습니다. 우리는 어떠한지요? 사람이 우선인가요, 규정이 우선인가요?

벳자타 못 옆에 있는 성녀 안나 성당은 또 다른 의미에서 예수님의 생애를 묵상하게 합니다. 혈족 관계로 보면 이 성당은 예수님의 외가 자리에 세워진 성당입니다. '야고보 복음'이라는 외경에 따르면, 벳자타 못 옆에 마리아의 어머니와 아버지인 안나와 요아킴이 살았다고 합니다. 달리 말하면 성모 마리아께서 태어나신 집이 있었다는 것이지요. 11세기 십자군들이 세운 성녀 안나 성당은 지하에 동굴 경당이 있습니다. 십자군들은 그곳이 성모 마리아께서 태어나신 곳이라고 여겨 그 위에 성당을 지었다고 합니다. 1189년 이슬람교도들이 다시 예루살렘을 점령했을 때 예루살렘의 다른 성당들과 달리 이 성당만은 파괴하지 않고 이슬람 율법 학교로 사용했습니다. 몇 세기 후 성당은 방치되다가 19세기 중반에 오스만 튀르크 제국 황제가 이 성당을

성녀 안나 성당

성녀 안나 성당 제대

벳자타 못과 성녀 안나 성당

프랑스 정부에 희사했고 프랑스 정부는 복원 작업 끝에 거의 원래 모습 그대로 살려 놓았습니다.

성당 안으로 들어가면 중앙 제대에 성모 마리아의 생애 중 주요 사건 세 가지가 묘사됩니다. 오른쪽은 주님 탄생 예고, 가운데는 십자가에서 예수님을 내리는 장면, 왼쪽은 예수님 탄생입니다. 또 제대 왼쪽에는 안나 성녀가 마리아를 교육하는 모습이, 오른쪽에는 성전에서 마리아를 봉헌하는 장면이 있습니다. 지하 동굴로 내려가면 성녀 안나와 요아킴이 살았고 동정 마리아께서 태어나셨다는 집의 유적들도 볼 수 있습니다. 그런데 이 안나 성당은 이런 유적보다는 음향과 울림이 뛰어난 곳으로 특히 유명합니다. 웬만큼 노래할 수 있는 사람이라면 안나 성당에서 노래를 부르면 유명 성악가 못지않은 뛰어난 실력을 보일 수 있습니다. 소수 인원의 합창단이라도 이곳에서 노래하면 대규모 합창단이 대성당에서 노래하는 듯한 효과를 낼 수 있습니다.

벳자타 못과 안나 성당은 성 밖에서 사자 문을 지나 예수님의 재판과 십자가의 길 현장으로 가는 길목에 있습니다. 벳자타 못에서 예수님의 치유 기적을 묵상하고 나서 십자가의 길을 순례한다면 더욱 의미 있는 순례가 될 것입니다.

성녀 안나와 어린 마리아 동상

성모 탄생 동굴 제대

벳자타 못과 성녀 안나 성당

벳파게와 시온산 2층 방

이런 일이 일어난 것은 예언자를 시켜 하신 말씀이 이루어지게 하려는 것이었다. "시온의 딸에게 말하라. 보라, 네 임금이 너에게 오신다. 온유하시어 암나귀를 타시고 짐바리 짐승의 망아지, 새끼 나귀를 타시고 오신다." 제자들은 가서 예수께서 자기들에게 지시하신 대로 하여 암나귀와 새끼나귀를 끌고 와서 그 등에 겉옷을 얹었다. 예수께서 그 위에 올라 앉으셨다. 그러자 대단히 많은 군중이 자기네 겉옷을 길에 깔았다. 그리고 다른 사람들은 나무에서 가지를 꺾어다 길에 깔았다. 예수를 앞서가는 군중들과 뒤따라오는 군중들이 외쳐 말했다. "다윗의 아드님께 호산나! 주님의 이름으로 오시는 분은 복되시어라. 지극히 높은 곳에서 호산나!"

예수님 생애에서 예루살렘 입성은 결정적인 전기轉機를 이룹니다. 군중의 환호 속에 예루살렘에 들어가시지만 얼마 후 체포되어 사형 선고를 받고 마침내 십자가에 못 박혀 돌아가시지요. 예수님의 수난과 죽음과 부활이라는 파스카 신비의 서곡이 되는 사건이 예수님의 예루살렘 입성입니다.

벳파게 기념 성당

예수님의 예루살렘 입성은 벳파게에서 시작합니다. 마태오 복음을 따르면, 예수님께서는 제자들과 함께 올리브산 벳파게에 다다르셨을 때 제자 둘을 맞은쪽 동네로 보내 암나귀와 어린 나귀를 끌고 오라고 하신 후 그 위에 올라타서 예루살렘으로 들어가십니다. 수많은 군중이 자기들의 겉옷을 길에 깔았고 더러는 나뭇가지를 꺾어다 깔고는 "다윗의 자손께 호산나! 주

벳파게 기념 성당

예수님께서 나귀를 타실 때 밟고 타셨다는 바위

님의 이름으로 오시는 분은 복되시어라. 지극히 높은 곳에 호산나!" 하고 환호합니다(마태 21,1-11 참조). '벳파게'라는 히브리말은 '성숙하지 않은 무화과나무가 있는 집' 또는 '무화과나무 밭'이라는 뜻인데, 정확한 장소가 어디인지는 확실하지 않습니다. '올리브산에 있고 베타니아에서 멀지 않은 곳'(루카 19,29 참조)으로 짐작할 따름입니다. 올리브산 정상 부근 베타니아로 향하는 길가에 19세기 말에 프란치스코회 수도자들이 세운 성당이 있는데 예루살렘 입성을 기념하는 벳파게 기념 성당입니다. 기념 성당이 있는 곳은 아랍인 마을이어서 현지 순례 안내자들은 안전을 이유로 일반 순례자들에게 잘 권하지 않는 곳이기도 합니다. 그래서 성당 입구 문이 닫혀 있을 때도 많습니다.

벳파게 기념 성당 안에는 제대 뒤 벽 천장 쪽에 군중의 환호 속에 나귀를 타고 가시는 예수님 그림이 있습니다. 또 제대 앞쪽에는 예수님께서 나귀를 타실 때 밟고 타셨다고 전해지는 사각형의 큰 바위가 있습니다. 역사적으로 정확하지 않다는 것이 정설이지만, 바위에는 나귀를 끌고 오는 모습, 야자나무 가지를 들고 환호하는 군중의 모습, 인근 베타니아에서 라자로가 다시 살아나는 모습 등이 벳파게라는 지명과 함께 그려져 있습니다. 복음서들이 전하는 예수님의 예루살렘 입성 모습을 떠올리며 묵상하기에는 충분히 좋은 곳입니다.

복음서들을 보면, 예수님께서 벳파게에서 어린 나귀를 타고 올리브산 내리막길에 접어들자 군중이 환호하며 하느님을 찬미합니다. 예수님께서는 예루살렘 도성을 내려다보시면서 예루살렘의 멸망을 예고하시며 우십니다. 이를 기념하는 성당이 올리브산 중턱의 예수님 눈물 성당입니다. 예루살렘 도성에 들어가신 예수님께서는 바로 성전으로 가시어 장사꾼들을 쫓아내시고 성전을 정화하십니다. 그리고 날마다 성전에서 가르치십니다. 수석 사제들과 원로들은 예수님께 더욱 적개심을 품게 되고 예수님을 죽일 음모를 꾸미지요(마태 21,1-26,16; 마르 11,1-14,11; 루카 19,28-22,6 참조).

2층 방

이윽고 파스카 곧 과월절이라고 하는 무교절이 왔습니다. 예수님께서는 제자들과 함께 마지막 파스카 만찬을 들기로 작정하시고는 제자 둘을 도성 안으로 보내십니다. 제자들은 도성에 들어가 물동이를 메고 가는 남자를 따라가 그 사람이 보여 주는 큰 2층 방에서 과월절 음식을 준비하지요(마태 26,17-19; 마르 14,12-16; 루카 22,7-13 참조).

예루살렘 옛 시가지 남서쪽에는 시온산이라고 부르는 큰 언덕이 있습니다. 예수님께서 제자들과 과월절 만찬 곧 최후 만

시온산 최후의 만찬 기념 장소

시온산 최후의 만찬 2층 방

찬을 드신 곳으로 전해지는 2층 방은 이 언덕 위에 있습니다. 이 2층 방이 예수님께서 제자들과 파스카 만찬을 들면서 성체성사를 제정하신 바로 그 장소인지는 확실하지 않습니다. 하지만 고고학적 조사 결과, 이 2층 방이 1세기 예루살렘의 유다-그리스도교 공동체가 지은 회당 겸 교회 건물 위에 건축된 것으로 밝혀져 이 2층 방이 초세기 그리스도교 공동체와 관련 있다는 것은 분명합니다.

자기 피를 새끼에게 먹이는 어미 펠리칸 문양이 조각된 기둥

그리스도교 신자들은 4세기에 이곳에 최후 만찬 기념 성당을 지었지만, 성당은 7세기 이슬람교도에 의해 파괴되었습니다. 십자군 시대에 다시 기념 성당을 지었으나 이 성당 역시 이슬람교도에 의해 파괴되었습니다. 14세기에 나폴리 왕국의 로베르토 왕과 산치아 왕비가 갖은 노력 끝에 어마어마한 비용을 들여 이곳을 매입해 프란치스코 수도회에 기증했다고 하지요. 프란치스코회 수도자들은 이곳에 고딕 양식의 2층으로 된 기념 성당을 지었습니다. 2층에는 최후 만찬 기념 경당과 성령 강림 기념 경당 두 경당을 두었습니다. 과월절 만찬을 나눈 이곳에서

성령 강림 또한 이루어졌다고 본 것입니다(사도 1,12-14; 2,1-13 참조). 하지만 16세기 오스만 제국이 이곳을 점령하면서 성당은 이슬람 사원으로 바뀌고 맙니다. 2층 방 한쪽 벽면 중앙에 있는 미흐랍(이슬람의 성지 메카가 있는 방향을 알 수 있도록 벽에 움푹 들어가게 파놓은 곳. 이슬람교 지도자들은 이곳에 들어가서 메카를 향해 기도함)과 아랍 문양이 그려진 색유리 창 등이 이런 역사적 사실의 흔적을 증언하고 있습니다.

1948년 이스라엘이 독립하면서 이 이슬람 사원은 이스라엘 정부 손에 넘어갔고, 1층은 유다교인들의 회당과 탈무드 학교로 바뀌었습니다. 또한 다윗 왕의 가묘가 이곳에 조성되었습니다. 이스라엘 당국은 2층에 있는 성령 강림 기념 경당은 폐쇄하고 다만 예수님의 최후 만찬을 기념하는 경당은 개방했습니다. 하지만 성목요일과 성령 강림 대축일에 그리스도인들이 말씀 전례를 거행하는 것을 제외하고는 어떠한 종교 예식도 거행할 수 없게 했습니다. 이 2층 방에 있는 한 기둥에는 어미 펠리칸이 새끼 펠리칸들에게 자기 피를 먹이는 문양이 조각되어 있습니다. 자기 가슴을 쪼아 거기에서 나오는 피로 새끼들을 먹이는 펠리칸은 성체성사를 통해 당신의 살과 피를 그리스도인들에게 영적 양식으로 주시는 그리스도를 상징합니다.

순례자들은 이 시온산 2층 방에서 예수님께서 제자들과 함께 최후 만찬을 드시면서 성체성사를 세우시고 제자들의 발을 몸소 닦아 주신 복음서의 장면들(루카 22,14-27; 요한 13,1-20 참조)을 생생하게 그려 볼 수 있습니다. 또 오순절에 함께 모여 기도하고 있던 제자들에게 성령이 내린 일도 다시금 되새길 수 있습니다. 잠시 눈을 감고 침묵 중에 해당 성경 말씀들을 떠올려 보면 좋겠습니다.

시온산 2층 방 외부 전경

벳파게와 시온산 2층 방

시온산 2층 방 외부 전경

벳파게와 시온산 2층 방

예수님이 피땀 흘리며 기도하시고 붙잡히신 겟세마니

그리고 예수께서 거기서 떠나, 늘 하시던 대로 올리브산으로 가시자 제자들도 그분을 따라갔다. 그곳에 이르러 그들에게 "유혹에 빠지지 않도록 기도하시오." 하고 이르셨다. 그리고서는 그들과 떨어져 돌을 던지면 닿을 만한 거리에 가시어 무릎을 꿇고 기도하시며 이렇게 말씀하셨다. "아버지, 아버지께서 하고자 하신다면 이 잔을 저에게서 거두어 주소서. 그러나 제 뜻이 아니라 아버지의 뜻이 이루어지게 하소서." 그때 천사가 하늘로부터 나타나 그분의 기운을 북돋우어 드렸다. 그러나 그분은 고뇌에 싸여 더욱 간절히 기도하시니, 그 땀이 마치 핏방울처럼 땅에 떨어졌다.

오. 그러나 제 뜻이 아니라 아버지의 뜻이 이루어지게 하십시오." 고뇌와 번민에 휩싸여 얼마나 간절히 기도하셨는지 "땀이 핏방울처럼 되어 땅에 떨어졌다."라고 루카 복음서는 전합니다 (22,39-44 참조).

민족들의 대성당

수난을 앞둔 예수님께서 피땀을 흘리시며 간절히 기도하셨다고 전해지는 그 바위 위에는 대성당이 우뚝 솟아 있습니다. 겟세마니 대성당 혹은 예수님의 고뇌 기념 성당이라고 부르지요. 1919년부터 짓기 시작해 6년이 걸려 완공된 이 대성당은 여러 나라의 재정적 지원과 관심으로 지어졌다고 해서 '민족들의 대성당'이라고도 부릅니다.

대성당 안의 분위기는 무겁고 어둡습니다. 제대 앞에는 커다란 바위가 있습니다. 예수님께서 고뇌와 번민 속에 무릎을 꿇고 간절히 기도하셨다는 바위입니다. 바위는 제대 쪽을 제외하고 올리브 가지를 곁들인 가시관 형태의 철로 된 화관이 둘러싸고 있습니다. 화관 정면은 가시나무 새 두 마리가 잔을 향

겟세마니 대성당 외부조각

예루살렘 도성 안 2층 방에서 제자들과 함
드신 예수님은 키드론 골짜기를 건너 올리브산
만찬을 드신 후이므로 이미 어둠이 깔린 밤이었
러나 이번에는 올리브산 너머 마르타와 마리아
소생시키신 라자로가 있는 베타니아로 가신 것이
산 기슭 겟세마니로 가십니다. 예루살렘에서 베
면 거쳐야 하는 곳이므로 제자들도 잘 아는 곳
18,1-2 참조). 겟세마니란 '기름을 짜는 곳'이라는
나무가 많은 동산 혹은 정원 같은 숲이었습니다.

겟세마니에 이르신 예수님께서는 제자들에게
지 않도록 기도하여라." 하고 말씀하시고 나서 "돌
을 만한 곳에" 혼자 가셔서 무릎을 꿇고 이렇게
다. "아버지, 아버지께서 원하시면 이 잔을 저에게

예수님이 피땀 흘리며 기도하시고 붙잡히신 겟세마니

겟세마니 대성당 제대와 바위

겟세마니 대성당 제대와 뒷벽

예수님이 피땀 흘리며 기도하시고 붙잡히신 겟세마니

해 있는 모습인데, 예수님 수난의 잔을 함께 마시고자 하는 영혼들을 상징한다고 합니다. 제대 뒤 벽면에는 겟세마니 동산에서 고뇌에 차 기도하시는 예수님을 그린 모자이크화가 있습니다.

가시 화관이 둘러쳐진 바위 앞에 무릎을 꿇으면 2000년 전 예수님께서 겟세마니 동산에서 피땀을 흘리시며 간절히 기도하시는 그 모습이 생생히 전해지는 것을 느낄 수 있습니다. 제대 앞에서 내가 하고 싶지 않지만 하지 않을 수 없는 일이 있다면 떠올려 보십시오. 그리고 예수님과 한마음이 되어 기도해 보십시오. '하실 수만 있다면 이 잔을 제게서 거두어 주십시오. 그러나 제 뜻대로 마시고 아버지 뜻대로 하십시오. 다만 그 잔을 기꺼이 받게 해 주십시오.'

간절히, 열심히 기도하시는 것은 좋습니다. 그런데 이 대성당에서는 특별히 소지품을 도난당하거나 분실하지 않도록 주의해야 합니다. 어두컴컴한 분위기를 타서 손버릇이 좋지 않은 손님들을 만날 수 있습니다.

대성당이 세워지기 전 이 자리에는 비잔틴 시대부터 기념 성당이 있었습니다. 그리고 그 성당의 화려한 모자이크 바닥의 일부가 지금도 대성당 바닥 유리면 아래에 보존되어 있습니다. 대성당 안에서 기도를 바치고 나오면 대성당 정면 상부 외벽의

올리브 정원

예수님이 피땀 흘리며 기도하시고 붙잡히신 겟세마니

화려한 모자이크 그림을 주의 깊게 올려다보는 것도 좋습니다. 하느님과 중재자이신 예수 그리스도의 모습이 중앙에 있고 오른쪽에는 비천한 이들이 예수 그리스도께 다가서는 모습이, 왼쪽에는 지혜롭고 힘 있는 이들이 역시 자신들의 부족함과 나약함을 고백하는 모습이 그려져 있습니다. 모자이크화 바로 아래 네 기둥 위에는 마태오, 마르코, 루카, 요한, 네 복음사가의 상이 예루살렘 도성을 바라보며 서 있습니다.

성당을 나오면 오른쪽에 올리브나무들이 우거진 정원이 있습니다. 그 가운데는 아주 오래된 고목들도 보이지만 그렇다고 해서 예수님 시대까지 거슬러 올라가지는 않습니다. 예수님 시대에 이 정원에 있던 올리브나무들은 기원후 70년 로마 장군 티투스가 예루살렘 점령 때 다 베어 버려서 없어졌다고 합니다. 그렇다고 해서 현재의 올리브나무들이 예수님 시대와 무관하다고 할 수는 없습니다. 올리브나무는 베어 버린 그 밑동에서 새싹이 돋아 새로운 올리브나무로 자라기 때문입니다. 1980년대 이곳 올리브나무들의 연대를 방사성 탄소로 측정한 결과, 어떤 것은 2300년이나 됐다고 하지요. 현재 겟세마니에 있는 올리브나무들 가운데 오래된 나무는 모두 여덟 그루인데, 나무 수명을 조사한 결과 세 그루가 12세기의 것이라고 합니다. 흥미로운 사실은 여덟 그루의 고목이 모두 한 나무에서 나왔다는 것입니다. 이 올리브나무들이 어쩌면 예수님 시대에 있던 나무에서 나온 후손일 수 있다는 얘기지요.

겟세마니 동굴 경당

이 올리브나무 정원에서 북쪽으로 조금 더 가면 양쪽이 돌로 된 벽으로 처진 통로를 만날 수 있습니다. 통로 끝에는 문이 나 있고 문 위에는 '동굴' '겟세마니'라는 글씨와 성경 구절을 적은 팻말이 붙어 있습니다. 겟세마니 동굴 경당입니다. 이 자리가 예수님께서 제자들에게 당신이 기도하는 동안 기다리라고 하신, 제자들이 예수님을 기다리다 지쳐서 잠든 그곳입니다. 그리고 배반자 유다가 이끌고 온 무리에게 예수님께서 붙잡히신 바로 그곳이기도 하지요.

사도들의 경당이라고도 하는 이 동굴 경당의 중앙 제대 뒤에는 제자들에게 둘러싸여 기도하시는 예수님 모습을 그린 그림이 있습니다. 옆 제대들에서는 성모님의 승천과 유다가 스승에게 입맞춤하는 그림을 볼 수 있습니다. 경당 제대 아래에는 잠들어 있는 두 제자의 모습을 담은 청동상이 있고, 벽면 등 이 경

겟세마니 동굴 경당 입구

예수님이 피땀 흘리며 기도하시고 붙잡히신 겟세마니

겟세마니 동굴 경당

당 안에는 비잔틴 시대의 모자이크화와 십자군 시대의 벽화 흔적을 볼 수 있습니다. 동굴은 부분적으로 훼손되기는 했지만, 예수님 시대의 체취를 거의 그대로 느낄 수 있습니다.

    단체 순례객들은 겟세마니 정원을 둘러보고 대성당을 순례하는 것으로 그치는 경우가 많습니다. 하지만 시간이 된다면 잠깐이라도 겟세마니 동굴 경당에 들러 지쳐 잠든 사도들의 모습을 떠올리며 묵상하시기를 권합니다. 예수님을 기다리자 지쳐 잠든 제자들 모습은 바로 우리 모습이기도 합니다.

예수님이 피땀 흘리며 기도하시고 붙잡히신 겟세마니

시온산
베드로 회개 기념 성당

사람들이 뜰 한가운데 불을 피우고 함께 앉아 있었는데 베드로도 그들 가운데에 앉아 있었다. 그런데 어떤 하녀가 그가 불 가까이 앉아 있는 것을 보고 그를 주의깊게 살피면서 "이 사람도 그와 함께 있었어요." 하였다. 그러자 그는 "여인, 나는 그 사람을 알지 못하오." 하고 잡아뗐습니다. 얼마 뒤에 다른 사람이 그를 보고 "당신도 그들과 한패구려." 하고 말했다. 그러자 베드로는 "여보시오, 나는 아니오." 하였다. 한 시간쯤 지나서 또 다른 사람이 우겨대며 "이 사람도 갈릴 그와 함께 있었소. 갈릴래아 사람이니까요." 하였다. 그러자 베드로는 "여보시오, 나는 당신이 무슨 말을 하는지 모르겠소." 하였다. 그가 아직 말하고 있을 때에 닭이 울었다. 그때에 주님께서 돌아서서 베드로를 바라보셨다. 베드로는 "오늘 닭이 울기 전에 너는 세 번이나 나를 모른다고 할 것이다." 하고 자기에게 하신 주님의 말씀을 떠올리고 밖으로 나가 슬피 울었다.

겟세마니에서 수난의 잔을 멀리해 달라고, 그러나 '제 뜻이 아니라 아버지 뜻이 이루어지게' 해 달라고 기도하신 예수님은 곧바로 유다가 데려온 무리에게 붙잡히십니다. 수석 사제들과 백성의 원로들이 보낸 그 무리는 예수님을 대사제 카야파의 집으로 끌고 갑니다. 그곳에서 예수님은 사람들에게 조롱과 모욕을 받으시며 밤을 새우시고 이른 아침에 빌라도 총독에게 넘겨지시지요. 그런데 그 대사제의 집 뜰에서 '일'이 벌어집니다. 예수님이 교회의 기초로 세우시며 이름마저 반석을 뜻하는 케파, 곧 '베드로'로 바꿔 주신 요나의 아들 시몬이 스승 예수님을 세 번이나 모른다고 부인한 것입니다.

베드로의 이 부인은 예수님께서 마지막 만찬 때 "오늘 밤 닭이 울기 전에 너는 세 번이나 나를 모른다고 할 것이다." 하고 예고하신 바이기도 합니다. 그때 베드로는 "스승님과 함께 죽

시온산 베드로 회개 기념 성당

예수님을 세 번이나 부인하는 베드로 청동상

는 한이 있더라도, 저는 스승님을 모른다고 하지 않겠습니다." 하고 극구 부인했지요(마태 26,31-35; 마르 14,27-31; 루카 22,31-34; 요한 13,36-38 참조). 그래서 예수님이 붙잡혀 끌려가셨을 때 다른 제자들은 모두 달아났지만, 베드로는 멀찍이 떨어져 뒤따라갔고 대사제 관저 안뜰까지 들어갈 수 있었습니다. 그러나 베드로를 유심히 지켜보던 사람들에게 들키고 말았습니다. 그들이 베드로에게 예수와 한패가 아니냐고 묻자 베드로는 아니라고 부인합니다. 그것도 세 번이나 말입니다. 마지막 세 번째는 거짓이면 천벌을 받겠다고 맹세까지 하면서 부인했는데, 베드로의 말이 끝나자 곧바로 닭이 웁니다. 그제야 베드로는 예수님께서 하신 말씀이 생각나 밖으로 나가서 슬피 웁니다(마태 26,69-75; 마르 14,66-72; 루카 22,55-62; 요한 18,15-18.25-27 참조).

예수님께서 모욕과 조롱 속에 밤을 새우시고 베드로가 세 번이나 예수님을 모른다고 부인한 그 대사제 관저 자리에는 '닭 울음소리의 성 베드로'St. Peter in Galicantu라고 부르는 기념 성당이 있습니다. 베드로가 '닭 울음소리'에 예수님을 세 번이나 부인했음을 깨닫고는 슬피 울며 회개했다고 해서 우리말로는 '베드로 회개 기념 성당'이라고 부릅니다. 닭 울음소리를 뜻하는 라틴어 'Gali-Cantu'를 그대로 음역해 '갈리칸투'라고 부르기도 하지요.

베드로 회개 기념 성당은 예수님께서 붙잡히신 겟세마니에서 키드론 골짜기를 지나 시온산으로 오르는 가파른 비탈면에 있습니다. 빛바랜 검은색 둥근 지붕 위에 황금으로 된 닭 모형이 있어 멀리서도 쉽게 알아볼 수 있습니다. 성당 입구의 정문에도 닭이 그려져 있지요. 시온산 경사면이라는 지형적 여건을 활용해서일 수도 있고 옛 집터를 이용한 이유도 있겠지만, 베드로 회개 기념 성당 건물은 4층 구조로 이뤄져 있습니다. 위의 두 층은 성당입니다. 입구에서 계단을 내려가면 육중한 청동 문이 나옵니다. 최후 만찬 때 예수님께서 베드로에게 나를 세 번이나 모른다고 할 것이라고 예언하시고 베드로가 절대로 그렇지 않을 것이라고 부인하는 모습을 표현한 부조가 청동 문 전체를 장식하고 있습니다. 문 위에는 "나거나 들거나 주님께서 너를 지키신다."라는 시편(121,8) 말씀이 라틴어로 적혀 있습니다.

문을 열고 성당 안에 들어가면 중앙 제대 뒤에 정면으로 예수님의 재판 장면을 그린 모자이크화가 있고, 왼쪽에는 "주님,

저희가 누구에게 가겠습니까? 주님께는 영원한 생명의 말씀이 있습니다."(요한 6,68)라는 베드로의 고백을 표현한 그림이 있습니다. 천장에도, 성당 뒷벽에도 화려한 모자이크화가 순례자의 시선을 사로잡습니다.

한 층을 내려가면 조금 작은 성당이 있습니다. 성당 안에는 베드로가 예수님을 모른다고 부인하는 그림, 밖으로 나가 울면서 회개하는 그림, 그리고 부활하신 예수님께서 베드로에게 나를 사랑하느냐고 묻고 베드로가 대답하는 장면을 그린 그림이 차례로 있습니다.

뜨락으로 나가면 카야파 대사제 집 안뜰에서 베드로가 예수님을 세 번이나 부인하는 모습을 표현한 청동 작품이 눈길을 끕니다. 베드로의 모습을 자세히 관찰하면 예수님을 부인하면서 안에 갇혀 계신 예수님과 눈길이 마주치자 당황해하는 표정입니다.

아래층 성당에서 한 층 더 내려가면 지하 감방을 감시하는 감시병들의 방이 있고 그 아래에 예수님께서 밤새 갇혀 지내셨다고 하는 지하 감방이 있습니다. 이 지하 감방은 위로 올라오는 다른 계단이나 통로가 없었다고 합니다. 위에서 밧줄이나 사다리 같은 것을 내려 주지 않으면 위로 올라올 수 없었습니다. 지금은 계단을 따라 내려가 지하 감방에서 관련 성경 말씀을

갈리간투 위층 성당

아래층 성당

시온산 베드로 회개 기념 성당

지하 감방

위층 성당 청동문

읽으면서 예수님께서 대사제 카야파 관저에서 밤새 고초를 당하신 일을 묵상할 수 있습니다. 바깥으로 나오면 키드론 골짜기로 이어지는 돌계단이 있습니다. 예수님께서 겟세마니에서 붙잡혀 카야파 대사제 집으로 끌려오실 때 걸으셨을 그 길입니다.

베드로 회개 기념 성당이 있는 이곳이 정말로 2000년 전 카야파 대사제의 집터인지를 두고 학자들 사이에 의견이 엇갈립니다. 일부에서는 카야파 대사제의 집은 원래 현재의 자리보다 훨씬 높은 시온산 정상 부근이었다고 주장합니다. 실제로 그곳에서 예수님 시대의 유물들이 발굴되기도 했습니다. 역사적으로 정확한 장소가 아닐지 모르지만, 베드로 회개 기념 성당이 있는 현재의 자리는 비잔틴 시대에 이미 기념 성당이 있었을 정도로 일찍부터 카야파의 집으로 여겨졌고 순례객들의 발길이 이어졌습니다. 5세기 중반에 세워진 큰 성당은 529년 사마리아 폭동 때 파손되었고 7세기 초 페르시아인들에 의해 파괴되었습니다. 12세기 초 십자군들이 다시 성당을 세웠으나 한 세기 후 다시 튀르크인들에게 파괴되는 등 수난이 잇따랐습니다. 현재의 성당은 1930년대 초에 세워졌습니다.

    시온산 베드로 회개 기념 성당은 주님께 믿음과 사랑을 고백하면서도 쉽사리 주님 뜻을 외면하고 거스르는 연약한 우리 자신을 돌아보게 하는 순례지입니다.

키드론 골짜기로 이어지는 계단

십자가의 길

그러자 빌라도가 말했다. "그가 무슨 나쁜 짓을 했단 말입니까?" 그러니 그들은 더욱 외쳐 "그는 십자가형에 처해져야 합니다."하였다. 빌라도는, 아무런 소용도 없을 뿐더러 오히려 더욱 소동이 일어나는 것을 보고 물을 가져다가 군중 맞은쪽에서 손을 씻으며 "나는 이 피에 대해서 책임이 없소. 당신들이 알아서 하시오." 하고 말하였다. 그러자 백성이 모두 대답하여 "그의 피는 우리와 우리 자식들이 감당할 것입니다." 하였다. 이에 빌라도는 그들에게 바라빠를 풀어 주고 예수는 채찍으로 매질한 다음 십자가형에 처하라고 넘겨 주었다. 그때에 총독의 군인들이 총독 관저로 예수를 데리고 가서 그분 주위에 전 부대를 모았다. 그리고는 그분의 옷을 벗긴 다음 그분에게 붉은 망토를 둘러 걸치게 했다. 또한 가시나무로 관을 엮어서 그분의 머리에 씌워 놓고 그분의 오른손에는 갈대를 들렸다. 그리고 그분 앞에 무릎꿇고 조롱하며 "유대인들의 왕, 만세!" 하고 소리질렀다. 또 그분에게 침을 뱉은 다음 갈대를 빼앗아 그분의 머리를 쳤다. 그렇게 그분을 조롱하고 나서 망토를 벗기고 그분의 겉옷을 입혔다. 그리고는 십자가형에 처하기 위해서 그분을 끌고 갔다.

겟세마니 동산에서 붙잡히신 예수님께서는 대사제 카야파의 집에서 고초를 받으며 밤을 지새우십니다. 날이 밝자 예수님께서는 유다인들의 최고 의회로 끌려가 신문을 받으신 후 다시 유다 총독 빌라도에게 끌려가 사형 선고를 받으십니다. 그리고 골고타로 십자가를 지고 가신 후 그곳에서 십자가에 못 박혀 돌아가시지요. 그리스도교 신자들은 예수님께서 사형 선고를 받으시는 순간부터 십자가에 못 박혀 돌아가시고 무덤에 묻히시기까지를 '십자가의 길' 기도를 통해 묵상하면서 신앙인의 삶을 되새깁니다.

예루살렘 구시가지에는 예루살렘을 찾은 순례자들이 2000년 전 예수님의 수난과 죽음을 묵상하며 기도를 바칠 수 있도록 '십자가의 길'이 조성되어 있습니다. 또 매주 금요일 오후 4시(겨울철에는 오후 3시)에는 프란치스코회 수도자들이 주관하는 십

사형 선고 성당

자가의 길 기도가 이 길을 따라 바쳐집니다. 라틴어로 '비아 돌로로사'(Via dolorosa, 고통의 길, 슬픔의 길)라고도 하는 십자가의 길은 동쪽 성 밖에서 스테파노 문이라고도 부르는 사자 문으로 들어가 곧장 가다가 300m 채 되지 않아 왼쪽에 보이는 한 아랍인 학교에서 시작합니다. 이 학교 자리는 안토니오 성 혹은 안토니오 요새가 있던 곳입니다. 헤로데 대왕(기원전 37~기원후 4)이 자신의 친구이자 후원자인 마르쿠스 안토니우스를 위해 지은 성채였지요. 하지만 원래의 성채는 유다 독립 항쟁(기원후 66~70) 때 완전히 파괴되고 말았고 지금은 학교 건물 아래에 흔적만 약간 남아 있을 뿐입니다. 이 초등학교 맞은편인 길 오른쪽에는 프란치스코회 수도원이 있습니다. 수도원 안에는 예수님께서 빌라도 앞에 끌려 나오셨을 때 병사들에게 채찍으로 맞으신 것을 기념하는 채찍 성당, 예수님께서 사형 선고를 받으시고 십자가를 지신 것을 기념하는 사형 선고 성당 등이 있습니다. 예루살렘에서 순례하는 한국인 순례자들은 보통 안

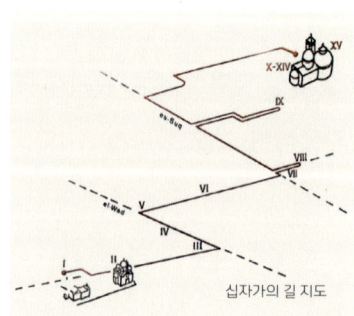

십자가의 길 지도

토니오 요새 자리인 아랍인 학교가 아니라 이 채찍 성당 또는 이 성당이 있는 수도원 경내에서 십자가의 길 기도를 시작하며 제1처를 바칩니다.

    채찍 성당에 들어서면 제대 뒤 색유리그림이 순례자를 압도합니다. 가시관을 쓴 채 온몸이 채찍 자국과 함께 피투성이가 된 예수님 모습을 그렸습니다. 그 옆에는 "나는 이 사람의 피에 책임이 없소."(마태 27,24) 하며 손을 씻는 빌라도의 모습을 그린 색유리그림도 보입니다.

    아랍인 학교 구내 또는 그 맞은편 프란치스코회 수도원 경내에서 시작하는 십자가의 길은 예수님께서 십자가에 못 박혀 돌아가신 골고타까지 약 500m에 이릅니다. 원래 십자가의 길은 기원후 4~5세기쯤부터 순례자들이 올리브산 자락 겟세마니에서 골고타까지 예수님께서 가신 수난의 여정을 따라 순례하던 여정이었습니다. 물론 처음에는 1처, 2처 같은 구분이 없었다고 합니다. 십자가의 길 각 처를 거쳐 가면서 기도하는 신심은 성지를 순례할 수 없었던 중세기에 시작되었습니다. 그러다가 13세기 말 현재와 비슷하게 십자가의 길 각 처가 결정되었는데, 각 처의 숫자는 적게는 7개에서 많게는 18개까지 다양했습니다. 십자가의 길이 현재와 같이 14처로 고정된 것은 18세기 이후부터라고 합니다. 이제 그 길을 따라가 보겠습니다.

수도원 경내에서 나와 서쪽으로 조금만 가면 길 양쪽을 연결하는 아치가 눈에 들어옵니다. 라틴어로 '엑체 호모'(Ecce homo, 보라 이 사람을)라고 부르는 곳입니다. 빌라도가 예수님을 밖으로 데리고 나가 리토스트로토스라고 하는 곳에 있는 재판석에 있다가 유다인들에게 "보시오, 여러분의 임금이오." 하고 말했다는 곳이지요(요한 19,13-14 참조). 이 '엑체 호모' 아치 부근의 벽에는 'II Statio'라고 쓰인 표식이 있습니다. 십자가의 길 제2처를 여기서 바치라는 표시지요.

예수님께서 첫 번째로 넘어지심을 묵상하는 제3처는 액체 호모 아치를 지나 100m 정도 더 가다가 왼쪽으로 꺾어져 모퉁이를 지나면 바로 왼쪽에 있습니다. 예수님께서 십자가를 진 채 넘어지시는 모습의 부조가 전면에 있는 작은 경당인데 닫혀 있을 때가 많습니다. 여기서 십자가의 길은 시장통으로 이어집니다. 예수님께서 성모님을 만나시는 제4처는 제3처에서 얼마 떨어지지 않은 옷 가게 바로 옆에 있습니다. 제3처와 제4처의 경당은 아르메니아 예법을 쓰는 동방 가톨릭교회가 관리합니다.

십자가의 길은 제4처에서 30m쯤 더 가다가 오른쪽으로 꺾어집니다. 그 모퉁이에 경당 문이 있는데 문 위에 시몬이 예수님을 도와 십자가를 졌다는 내용의 라틴어가 있습니다. 키레네 사람 시몬에게 바쳐진 이곳 경당은 프란치스코회가 1229년 예루

채찍 성당

십자가의 길 제3처 경당 내부의 그림

엑체 호모 아치

십자가의 길

성녀 베로니카가 수건으로 예수님의 얼굴을
닦아드렸다는 표식이 있는 제6처

살렘에 세운 첫 수도원 자리라고 합니다.

십자가의 길은 이제 좁고 가파른 언덕길로 이어집니다. 100m가량 가면 오른쪽에 경당 문이 보이는데, 성녀 베로니카가 예수님의 얼굴을 닦아 드린 일을 묵상하는 제6처입니다. 물론 베로니카 성녀가 예수님의 얼굴을 닦아 드렸다는 내용은 성경에는 나오지 않는 전승입니다. 예수님께서 두 번째로 넘어지심을 묵상하는 제7처는 6처에서 60~70m쯤 더 올라가야 합니다. 프란치스코회가 관리하는 경당이 있습니다. 예수님께서 예루살렘 부인들을 위로하셨음을 기억하고 묵상하는 제8처는 제7처에서 얼마 떨어지지 않은 벽에 있습니다. 예수님께서 세 번째로 넘어지심을 묵상하는 십자가의 길 제9처는 제7처가 있는 쪽으로 잠시 되돌아갔다가 다시 오른쪽으로 방향을 틀어야 합니다. 100m가량 가면 오른쪽으로 돌계단이 있습니다. 돌계단 위로 올라가 70m가량 가면 벽면에 제9처 표시가 있습니다. 십자가의 길을 따라 순례할 때 십자가를 지고 가기도 하는데, 이 9처까지 오면 십자가를 내려놓습니다. 예수님께서 옷을 벗김 당하심을 묵상하는 제10처부터 돌무덤에 안장되

심을 묵상하는 제14처까지는 모두 주님 무덤 성당 구내에 있습니다. 이에 관해서는 다음 장에서 살펴보겠습니다.

십자가의 길이 있는 곳은 모두 아랍인 지역입니다. 게다가 제3처부터 제8처까지는 번잡한 시장통에 있습니다. 때로는 순례자들이 너무 많아서, 때로는 각 처를 기념하는 경당들의 문이 닫혀 있어서 벽에 붙은 표식만 보고 순례할 때가 많습니다. 그래서 조금 조용하게 예수님의 수난 길을 묵상하고 싶어서 고요한 새벽에 십자가의 길 기도를 바치기도 합니다. 하지만 소란스럽고 번잡한 시장통이야말로 십자가의 길을 묵상하기에 더욱 좋은 곳이 아닌가 하는 생각도 듭니다. 예수님께서 십자가의 길을 걸으셨을 당시 상황을 훨씬 더 실감 나게 떠올릴 수 있기 때문입니다. 그 십자가의 길을 걸으면서 오늘 그리스도를 따른다는 것이 무엇을 의미하는지 깊이 묵상할 수 있으면 좋겠습니다.

십자가의 길 시장통

죽음과 부활의 현장 골고타

그들은 예수를 골고다라는 곳으로 데리고 갔으니, 이는 번역하면 해골터라는 말이다. 그리고 몰약을 탄 포도주를 예수께 드렸으나 그분은 받아 마시지 않으셨다. 그들은 또 그분을 십자가에 달고는 그분의 겉옷을 나누었는데 각자 차지할 몫을 놓고 주사위를 던졌다. 때는 아홉 시였고, 그들은 그분을 십자가형에 처했다. 그분의 죄목 명패에는 '유대인들의 왕'이라고 적혀 있었다. 또한 예수와 함께 강도 둘을 십자가형에 처했으니, 하나는 그분 오른편에 또 하나는 왼편에 달았다. 그리고 열두 시가 되자 어둠이 온 땅을 덮어 오후 세 시까지 계속되었다. 세 시에 예수께서는 큰 소리로 "엘로이 엘로이 레마 사박타니?" 하고 부르짖으셨다. 이는 번역하면 "나의 하느님, 나의 하느님, 어찌하여 나를 버리셨습니까?"라는 말이다. 예수께서는 큰 소리를 내시면서 숨지셨다. 이때 성전 휘장이 위에서 아래까지 두 갈래로 찢어졌다.

예수님께서 십자가에 못 박혀 돌아가신 곳은 히브리말로 '골고타'라는 언덕입니다. 번역하면 '해골 터'라는 뜻입니다(마르 15,22 참조). '갈바리아'라고도 하는데 골고타를 라틴어로 표기한 것입니다. 골고타는 예루살렘 평지보다 40m가량 높아서 언덕 또는 산이라고도 불렸습니다. 언덕 모양이 해골처럼 생겨서 또는 이 언덕에 해골들이 많이 있어서 골고타라고 불렀다고 합니다. 아담의 머리가 묻힌 곳이라는 전설이 전해지고 있어서 그렇게 불리기도 했다고 하지요.

예수님 시대에 골고타는 도성에서 멀리 떨어져 있지 않았습니다(요한 19,20 참조). 말하자면 사람들이 자주 왕래하는 성 밖 가까운 곳에 있었습니다. 하지만 오늘날 골고타는 예루살렘 성안에 있습니다. 예수님께서 십자가에 못 박히시고 10여 년이 지난 기원후 44년에 헤로데 아그리파 왕이 새로 성벽을 세우면서 골고타 지역이 도성 안으로 자연스럽게 편입된 것입니다.

예수님은 이곳 골고타에서 십자가에 못 박혀 돌아가신 후 근처에 있던 바위를 깎아 만든 새 무덤에 모셔졌습니다(마태 27,60 참조). 그리고 바로 이 무덤에서 부활하셨지요. 그래서 골고타에는 예수님의 죽음과 부활을 함께 기념하는 주님 무덤 대성당 혹은 주님 부활 대성당이 들어서 있습니다. 그런데 십자가의 길을 따라 골고타의 주님 무덤(부활) 대성당에 이르면, 이곳이 언덕이라는 느낌이 별로 들지 않습니다. 그래서 이 대성당이 정말 예수님께서 묻히셨고 부활하신 그 무덤 위에 세워졌을까 하는 의구심이 들기도 합니다. 하지만 학자들은 역사적으로 믿을 만하다고 여깁니다.

로마 제국의 하드리아누스 황제(재위 117~138) 때에 골고타 언덕을 깎고 예수님의 무덤이 있던 동산을 돌로 메운 뒤에 신전을 짓고 주피터와 비너스 상을 세웠다고 하지요. 그 후 그리스도교를 공인한 콘스탄티누스 황제(재위 306~337) 때 이곳에 예수님의 죽음과 부활을 기념하는 대성당이 세워지게 된 것입니다. 이때 큰 역할을 한 인물이 황제의 어머니 성녀 헬레나(248?~330?)입니다.

기념 대성당은 길이가 150m, 폭이 75m나 됐다고 합니다. 이 대성당 하나가 예수님께서 못 박혀 돌아가신 곳과 묻히신 곳을

대성당 안 주님 무덤 경당 입구

주님 무덤(부활) 대성당 전경

다 포함하고도 남으리라고 충분히 예상할 수 있습니다. 그런데 이 대성당은 614년 페르시아군에 의해 파손됐고 11세기 초에는 사라센에 의해 완전히 파괴됐습니다. 40년 후 비잔틴 황제의 도움으로 새 성전이 들어섰고, 12세기 십자군 시대에 종탑을 세우는 등 보수 재건되면서 오늘날 볼 수 있는 성전의 토대를 형성했지요. 하지만 이후 지진과 화재 등 거듭된 재난으로 파손됐다가 20세기 말에야 복구를 마쳐 현재 모습을 갖추게 됐습니다. 이 대성당은 무려 여섯 그리스도교 교파가 소유하고 있습니다. 라틴 교회 곧 로마 가톨릭교회와 그리스 정교회, 아르메니아 정교회가 많은 부분을 개별적으로 또는 공동으로 관리하고 있고, 시리아 정교회, 콥트(이집트) 교회, 에티오피아 정교회도 일정 부분을 차지하고 있습니다. 어떤 곳은 이슬람교가 소유권을 갖고 있기도 합니다. 그렇다 보니 대성당은 늘 번잡합니다. 세계 곳곳에서 수많은 순례자가 올 뿐만 아니라 시시때때로 각 교단이 고유한 예식을 거행하기 때문입니다. 특히 대성당 안의 주님 무덤(부활) 경당은 들어가 보지도 못한 채 순례를 마쳐야 하는 경우도 생깁니다.

21장에 이어 십자가의 길 14처를 계속 따라가 봅니다. 예수님께서 옷 벗김을 당하심을 묵상하는 제10처와 예수님께서 십자가에 못 박히심을 묵상하는 제11처, 그리고 예수님께서 십자가 위에서 돌아가심을 묵상하는 제12처는 사실상 거의 같은 장소라고 할 수 있습니다. 이곳이 바로 골고타 언덕이지요. 대성당 입구에 들어서자마자 오른쪽에 위층으로 향하는 계단이 있는데 그 계단 위 벽에 붙은 제대 앞에서 순례자들은 보통 제10처를 묵상합니다. 로마 가톨릭교회 관할인 이곳을 '프란치스칸들의 경당'이라고 부릅니다.

제10처를 지나면 예수님께서 십자가에 못 박히심을 묵상하는 제11처가 있습니다. 제대 뒷벽에는 예수님께서 십자가에 누워 계시고 예수님의 어머니 마리아가 예수님을 내려다보는 모습의 그림이 있지요. 제11처 왼쪽으로 심장이 칼에 찔린 고통의 성모님상이 있습니다. 고통의 성모님상 왼쪽에는 예수님께서 십자가에 달려 계시고 십자가 아래 제대 밑에는 둥근 구멍이 나 있

주님 무덤(부활) 대성당 안 골고타 언덕의 제 11처(오른쪽)와 제12처(왼쪽) 그리고 고통의 성모 경당 (가운데)

제11처와 제12처 사이에 있는 고통의 성모 경당

습니다. 무릎을 꿇고 몸을 굽혀 들여다보면 볼 수 있습니다. 이 구멍이 예수님께서 못 박히셨던 십자가가 서 있던 자리라고 전해집니다. 화려하게 장식된 이곳이 예수님께서 돌아가심을 묵상하는 제12처입니다. 그리스 정교회가 관리합니다.

제12처를 묵상하고 왼쪽으로 걸음을 옮기면 내려오는 계단이 있습니다. 계단을 따라 내려오면 대성당으로 들어오는 문이 왼쪽에 보이고 오른쪽 벽에는 예수님의 시신을 내려 무덤으로 옮기는 벽화들이 있습니다. 가운데 바닥에는 직사각형의 긴 대리석 판이 있는데, 예수님의 시신을 염했던 판이라고 전해집니다. 순례자들은 보통 이곳에서 제자들이 예수님의 시신을 내림을 묵상하는 제13처와 예수님께서 돌무덤에 묻히심을 묵상하는 제14처를 함께 바칩니다. 대리석 판에 입을 맞추며 주님의 수난과 죽음을 깊이 되새기지요. 대리석 판을 지나 안으로 더 들어가면 예수님께서 묻히신 곳이자 또한 부활하신 곳인 무덤 경당 또는 부활 경당으로 이어집니다. 경당 내부에는 빈 무덤을 나타내는 공간이 있고 벽면에 부활하신 예수님상과 제대가 있습니다. 경당 입구는 관리인들이 지키고 있어서 안내를 받아야 들어갈 수 있습니다. 순례자들이 길게 줄을 서서 기다리고 있을 때가 대부분이어서, 무덤과 부활 경당 안에 들어간다고 하더라도 마음껏 기도를 바칠 시간은 별로 없습니다. 20~30초 정도 잠깐 기도한 후 나와야 할 때가 많습니다. 예루살렘까지 와서 예수님께서 묻히시고 부활하신 그 역사의 현장에서 기도도 마음껏 드리지 못하는 것이 아쉬운 순례자들은 먼저 예약한 후에 일반 순례자들이 찾지 않는 새벽 시간에 와서 미사를 봉헌하고 기도를 바치기도 합니다.

　　골고타 언덕에 세워진 주님 무덤(부활) 대성당은 예수 그리스도께서 오로지 인간에 대한 사랑 때문에 당신 생명을 바치셨고 부활하심으로써 위대한 사랑의 승리를 드러내는 인류 역사에서 가장 고귀한 현장입니다.

예수님의 시신을 염한 곳으로 전해지는 대리석 판

부활하신 예수님을 만난
엠마오와 티베리아스 호숫가

마침 그들 가운데 두 사람이 그날 예루살렘에서 육십 스타디온 떨어진 엠마오라는 마을로 가고 있었다. 그들은 그동안의 모든 사건에 관해서 서로 이야기했다. 그들이 이야기하며 토론하고 있는데 예수 친히 다가오시어 그들과 동행하시게 되었다. 그러나 그들의 눈이 가리워져서 그분을 알아보지 못하였다. 그들이 찾아가던 마을에 가까이 이르렀을 때에, 예수께서 더 멀리 가시려는 척하자 그들이 말리며 "이미 날도 저물어 저녁이 되었으니 우리와 함께 머뭅시다." 하고 말했다. 그래서 그들과 함께 머물려고 들어가셨다. 예수께서는 그들과 함께 식탁에 자리잡으시자 빵을 드시고 찬양하신 다음 떼어서 그들에게 주셨다. 그제서야 그들은 눈이 열리어 예수를 알아보았다. 그러자 예수께서는 그들 앞에서 사라지셨다.

엠마오

"서산에 노을이 고우나 누리는 어둠에 잠겼사오니
우리와 함께 주여 드시어 이 밤을 쉬어 가시옵소서."

　20년 동안 한국에서 선교사 생활을 보낸 후 아프리카 선교를 자원해 40년 가까이 아프리카 케냐와 수단에 살고 계시는 살레시오 수도회 원선오 신부님이 작곡한 '엠마우스'라는 노래의 첫 소절입니다. 서정적이면서도 격정적인 정서를 띠는 이 노래는 부활하신 예수님께서 엠마오로 가는 두 제자에게 나타나신 루카 복음 24장의 내용을 담고 있습니다.

　예수님께서 부활하신 그날, 곧 주간 첫날에 두 제자가 실의에 차서 예루살렘에서 엠마오라는 마을로 가고 있었지요. 예수님께서 나타나셔서 그들과 동행하시지만, 그들은 예수님을 알아보지 못합니다. 엠마오에 도착한 그들은 예수님께서 더 가시려

엠마오 라트룬 트라피스트 수도원　　　　　　엠마오 기념 성당

는 듯하자 날이 저물었으니 묵고 가시라고 붙잡습니다. 예수님께서 식탁에 앉아 빵을 떼어 그들에게 나눠 주시자 비로소 제자들은 그분이 예수님이심을 알아봅니다. 하지만 예수님께서는 이미 사라지셨습니다(루카 24,13-35 참조).

　　루카 복음서는 엠마오가 예루살렘에서 예순 스타디온(한 스타디온=185m) 떨어진 마을이라고 전합니다. 하지만 복음서 속 다른 지명들과 달리 엠마오가 어디인지는 아직도 정확히 확인되지 않고 있다고 합니다. 그래선지 성지 순례 여행사들이 순례 일정에 엠마오를 포함하는 경우는 드뭅니다. 오늘날 학자들이 엠마오라고 추정하는 곳은 네 군데 정도입니다. 하나는 예루살렘에서 서쪽으로 30km쯤 떨어진 라트룬입니다. 라트룬 근처에 폐허가 된 '니코폴리스'라는 옛 도시가 있는데 아랍 사람들은 이곳을 '암바스'라고 부르지요. 암바스는 그리스말 엠마우스를 아랍식으로 잘못 표현한 것이라고 합니다. 이곳은 초세기부터 순례자들이 엠마우스로 여겨 찾아왔다는 기록이 있고 로마 제국이나 비잔틴 시대 건축물 흔적도 있습니다. 그런데 이곳은 예루살렘에서 60스타디온이 아니라 160스타디온이나 떨어져 있습니다. 그래서 실제 엠마오가 아니라는 반론도 제기되지요. 하지만 루카 복음의 60스타디온이 160스타디온을 착각한 것이라는 주장도 있어서 이를 받아들이면 암바스를 엠마오라고 볼 수도 있습니다. 라트룬에는 트라피스트 수도회에서 세운 기념 성당이 있지요.

이 밖에 예루살렘에서 서쪽으로 15km쯤 떨어진 시골 마을 '아부고쉬', 6km가량 떨어진 작은 마을 '칼로니에'(콜로니아), 그리고 예루살렘에서 서쪽으로 11km 남짓 떨어진 시골 마을 '엘 쿠베이베'도 엠마오일 가능성이 있는 곳으로 추정됩니다. 엘 쿠베이베에는 20세기 초에 프란치스코회가 세운 기념 성당도 있습니다만, 이곳은 십자군 시대까지는 엠마오라고 불린 적이 한 번도 없었다는 이유로 엠마오 후보지에서 배제되기도 합니다. 더욱이 검문소를 거쳐야 하는 팔레스타인 지역이어서 순례하기도 쉽지 않습니다.

비록 현장의 엠마오는 순례하지 못한다 해도 엠마오 이야기를 통해 두 가지는 묵상할 수 있습니다. 하나는 말씀과 성체 안에 살아 계시는 주님을 만나는 것입니다. 다른 하나는 우리가

베드로 수위권 성당

베드로 수위권 성당 내부

그리스도의 식탁

날마다 마주치는 사람들, 만나는 사람들 가운데서 주님의 얼굴을 뵙는 것입니다.

티베리아스 호숫가

제자들이 부활하신 예수님을 만나 뵌, 빼놓을 수 없는 또 한 곳이 있습니다. 티베리아스 호수 곧 갈릴래아 호수 북단 '타브가'에 있는 베드로 수위권 성당입니다.

요한 복음(21,1-19 참조)은 부활하신 예수님께서 티베리아스 호숫가에서 베드로를 포함한 일곱 제자에게 나타나시어 그들과 함께 식사하시고 베드로에게 "내 어린 양들을 돌보아라." 하고 당부하시는 일화를 전합니다. 갈릴래아 호수와 맞닿아 있는 베드로 수위권 성당은 이 일화를 기념해 프란치스코 수도회가 1934년에 현무암으로 아담하게 지은 성당입니다. 성당 안에는 '그리스도의 식탁'Mensa Christi이라고 불리는 바위가 있습니다. 예수님께서 제자들을 위해 아침 식사를 차려 놓은 바위라고 해서 중세기부터 순례자들이 그렇게 불렀다고 합니다.

성당 밖 호숫가에 서서 예수님처럼 호수를 바라보고 있노라면 100m쯤 떨어진 호수에서 고기를 잡던 베드로가 물속에 뛰어들어 헤엄쳐 나오는 모습을 상상할 수 있습니다. 뭍으로 나와서 보니 예수님께서 아침 식사를 준비해 놓고 계셨습니다. 사실 베드로를 비롯한 제자들은 예수님의 부활을 믿지 못하고 고향으로 내려와 실의에 차서 고기를 잡고 있었습니다. 그런 그들에게 예수님께서 나타나시어 아침 식사를 차려 주신 것입니다. 그때 제자들의 심경은 어떠했을까요?

성당 맞은편에는 예수님께서 베드로의 머리 위에 손을 뻗어 축복하시고 베드로는 무릎을 꿇고 예수님을 쳐다보고 있는 청동상이 있습니다. 예수님께서 베드로에게 수위권을 주시는 모습을 표현한 상입니다.

요한 복음을 보면 아침 식사를 마친 후에 예수님께서는 베드로에게 "요한의 아들 시몬아, 너는 나를 사랑하느냐?"라고 세 번이나 물으시고 "내 양들을 돌보아라." 하고 당부하십니다. 예수님께서 세 번이나 물으실 때 베드로의 심경은 어떠했을까요? 요한 복음사가는 '슬퍼했다'고 전합니다. 하지만 그 이상이었을 것입니다. 베드로는 어쩌면 자신이 예수님을 세 번이나 모른다고 부인했던 일이 떠올랐을지 모릅니다. 단순한 슬픔 이상으로 부끄러움과 스승에 대한 미안함이 뒤섞여 있었을 것입니다. 그래서 "주님, 주님께서는 모든 것을 아십니다. 제가 주님을 사랑하는 줄을 주님께서는 알고 계십니다."(21,17)라는 마지막 답변에 힘이 없어 보입니다. 그런 베드로에게 예수님은 "내 양들을 돌보아라." 하고 다시 당부하시고 베드로가 앞으로 어떤 길을

걷게 될지 말씀하십니다. 그러고 나서 다시 이르십니다. *"나를 따라라."*(21,19)

호숫가에 서서 나도, 우리도 그 길을 따르겠다고 다짐합니다. 아침 햇살에 호수 물결이 영롱하게 반짝입니다.

올리브산
예수님 승천 경당과
시온산 성모 영면 성당

예수께서 그들에게 말씀하셨다. "그때와 시기는 아버지께서 당신의 권능으로 정하셨으니 여러분이 알 바 아닙니다. 그러나 여러분은 여러분에게 내릴 성령의 능력을 받아, 예루살렘 온 유대와 사마리아에서뿐 아니라 땅끝에 이르기까지 나의 증인들이 될 것입니다." 이런 말씀을 하신 다음 그들이 보는 가운데서 위로 올라가셨다. 그리고 구름이 그분을 감싸 그들의 시야에서 사라지게 하였다. 예수께서 올라가시는 동안 그들은 하늘을 눈여겨보고 있었는데, 마침 흰옷을 입은 사람 둘이 그들 곁에 서서 말하였다. 그들에게 이렇게 말했다. "갈릴래아 사람들아, 왜 하늘을 쳐다보며 서 있느냐? 너희를 떠나 하늘로 올라가신 저 예수께서는 하늘로 올라가시는 것을 너희가 본 그대로 다시 오실 것이다." 그러고 나서 그들은 올리브라고 하는 그 산을 떠나 예루살렘으로 돌아갔다. 그 산은 안식일에 걸어도 괜찮을 만큼 예루살렘에서 가까웠다.

예수님께서는 부활하신 후 40일 동안 제자들에게 여러 번 나타나십니다. 마지막에는 사도들이 함께 있는 가운데 '성령이 내리면 너희는 땅끝까지 나의 증인이 될 것이다.'라는 말씀을 남기시고 승천하십니다(사도 1,3-11 참조). 사도행전을 보면, 예수님께서 승천하신 곳은 "올리브산"(1,12)입니다. 사도행전의 저자가 쓴 루카 복음에서는 예수님께서 승천하신 곳을 "베타니아 근처"(루카 24,52)라고 언급합니다. 베타니아는 올리브산 동쪽 비탈에 있는 마을이지요. 베타니아에서 산등성이를 넘어가면 바로 예루살렘 도성이 눈 아래 펼쳐져 보입니다.

루카 복음과 사도행전이 전하는 바를 따라서, 그리스도교 초기부터 신자들은 예수님께서 승천하신 장소가 올리브산 정상이라고 믿었습니다. 그래서 정상에 있는 한 동굴에 모여서 예수님의 승천을 기념하는 예식을 거행하곤 했습니다. 그 동굴은 오늘날 주님의 기도 성당에 있습니다. 그러다가 4세기 후반 로마 제국 황제 가문의 한 부유한 부인이 동굴 북쪽에 경당을 지어 봉헌했습니다. 원형으로 된 경당은 예수님이 승천하신 곳임을 상징하는 의미로 천장이 뻥 뚫려 있었습니다. 그리고 돌로 된 바닥 가운데는 바위가 있었는데 바위에는 눈으로 확인할 수 있을 정도로 발자국이 나 있었다고 합니다. 신심이 깊은 신자들은 그 발자국을 예수님께서 남기신 것으로 여겼다고 하지요. 이 경당은 7세기에 페르시아에 의해 파괴되었습니다. 그런데 아르쿨프라고 하는 프랑스 주교가 이곳을 순례하고 돌아가서는 예수님의 발자국이 나 있는 바위가 승천 경당 자리에 있다는 이야기를 퍼뜨렸습니다.

그 후 12세기에 십자군이 와서 팔각형으로 된 기념 경당을 다시 지었습니다. 그런데 이번에는 십자군이 바위에 발자국을 새겼다는 소문이 떠돌았습니다. 12세기 말 이슬람교도가 이곳을 차지하면서 경당 주변을 담으로 쌓고 뚫려 있던 천장 구멍을 메웠습니다. 그리고 예수님의 발자국이 있던 바위 일부를 예루살렘 성전산에 있는 알아크사 모스크(이슬람교 대사원)에 옮겨 놓았습니다. 이슬람교도도 예수님을 예언자로 존경하고 있기 때문이지요.

오늘날 올리브산 정상에 있는 주님 승천 기념 경당은 이렇

주님 승천 기념 경당 안 예수님의 발자국이 새겨진 돌바닥

게 천장이 막힌 모습으로 순례자들을 맞고 있습니다. 이 경당은 지금도 한 이슬람 재단이 관리하고 있지요. 순례자들은 경당 안에 들어가면 바닥 한쪽에 예수님의 발자국이 찍혔다는 돌바닥을 볼 수 있습니다. 이 경당은 좁아서 많은 사람이 한꺼번에 들어가 기도하기가 쉽지 않습니다. 또 공적인 전례 행위가 평소에는 잘 허용되지 않습니다. 단체로 온 순례객들은 경당 안을 둘러본 후 바깥 공터에서 관련 성경 구절을 읽고 묵상하거나 간단한 기도를 바치면서 주님 승천의 의미를 되새기곤 합니다. 그러나 주님 승천 대축일에는 예외적으로 경당 안에서 전례를 거행하도록 허용합니다.

그런데 예수님이 승천하신 장소와 관련해 마태오 복음(28,16-20 참조)은 조금 다르게 표현하고 있습니다. "열한 제자는 갈릴래아로 떠나 예수님께서 분부하신 산으로 갔다. … 예수님께서는 그들에게 다가가 이르셨다. '…너희는 가서, 모든 민족들을 제자로 삼아, …세례를 주고, 내가 너희에게 명령한 모든 것을 가르쳐 지키게 하여라. 보라, 내가 세상 끝 날까지 언제나 너희와 함께 있겠다.'" 이 말씀대로라면 예수님의 승천 장소는 예루살렘 도성이 내려다보이는 올리브산 정상이 아니라 갈릴래아의 어느 산입니다. 그래서인지, 갈릴래아 북쪽 행복 선언 산이라고 부르는 에레모스 언덕 한쪽에는 '가서 모든 민족을 가르쳐라.' 하신 예수님의 분부를 라틴어로 새겨 놓은 기념 바위가 호수를 내려다보며 우뚝 서 있습니다.

그리스도인의 삶은 주님께서 승천하신 하늘만 바라보며 사는 삶이 아닙니다. 예수님께서 분부하신 대로 사람 사는 세상 한가운데로 들어가서 그들에게 말과 행동으로 하느님의 사랑을 전하는 삶입니다. 주님께서 가르쳐 주신 모든 것을 가르치고 함께 실천하려고 노력하는 삶입니다. 우리는 그런 삶을 살도록 부르심을 받았습니다. 이스라엘 성지 순례는 그 부르심의 의미를 다시 되새기고 그렇게 살도록 다짐하는 더할 나위 없이 좋은 기회입니다.

나자렛에서 예루살렘까지 예수님 생애를 따라가는 이스라엘 성지 순례에서 마지막으로 살펴보면 좋을 곳이 있습니다. 시온산 성모 영면 기념 성당입니다. 그리스도교 신자들은 일찍부터 성모 마리아께서 지상 삶을 마치신 후에 죽어서 묻히신 것이 아니라 아들 예수님에 의해 하늘로 들려 올라가셨다고 믿었습니다. 이를 '성모 승천', 더 정확하게는 성모 '몽소 승천' 혹은 '피승천'이라고 부릅니다. 이렇다 보니 마리아에게는 죽음이라는

시온산 성모 영면 성당

성모 영면 성당 지하에 잠들어 누워 계신 성모상

올리브산 예수님 승천 경당과 시온산 성모 영면 성당

표현 대신 '깊은 잠에 빠짐'이라는 뜻인 '영면'Dormition이라는 표현을 쓴 것입니다. 성모 영면 기념 성당은 이를 기념하는 성당으로, 예수님께서 최후 만찬을 하신 예루살렘 시온산의 최후 만찬 기념 경당 인근에 있습니다. 이 자리에는 초세기부터 신자들이 모여 예수님의 재림을 기다리는 회당이 있었다고 하지요. 4세기 말에 이 회당 옆에 팔각형 모양의 기념 성당이 건립되고 얼마 후에 더욱 증축됐는데, 이때부터 이 성당을 '거룩한 시온' 성당이라고 불렀습니다. 하지만 이 성당은 7세기 초 페르시아군에게 파괴됐고 11세기에 다시 파괴됐습니다. 그 후 십자군들이 아치형의 크고 아름다운 성당을 건립했는데, 이 성당을 '시온산의 성모 마리아 성당'이라고 불렀습니다. 13세기 초에 성당은 다시 이슬람 세력에 의해 파괴되고 맙니다.

오늘날 순례자들이 찾는 성당은 1910년에 완공됐습니다. 그 사연은 이러합니다. 독일 황제 빌헬름 2세가 1898년 예루살렘을 방문했는데 당시 예루살렘을 차지하고 있던 이슬람 술탄이 폐허가 된 채 오랜 세월 방치된 이 부지를 황제에게 선물했습니다. 황제는 이 부지를 독일 교회에 넘겼고 그래서 성당을 지을 수 있게 된 것입니다. 이런 연유로 이 성당은 오늘날까지 독일 베네딕토 수도회가 관리하고 있습니다.

성당 지하 경당 가운데에는 잠들어 누워 계신 성모 마리아의 전신상이 있고 순례자들이 그 둘레에서 기도를 바칠 수 있습니다. 이 성당은 오르간 소리가 매우 아름다워 연주회 장소로도 사용된다고 합니다.

올리브산 예수님 승천 경당과 시온산 성모 영면 성당

편집 후기

나자렛에서 예루살렘까지,
예수님의 발자취를 따르는 당신을
행간 행간에서 읽을 수 있었습니다.

하느님을 사랑한 기자
교회를 사랑한 작가
한 사람에게라도 더 복음을 전하고자 한 그리스도인
별처럼 묵묵히 자기 삶의 여정을 걸어간 사람
지금 천국에서 맑고 밝게 웃고 있을 영혼

창훈 형, 우리는 당신을 그렇게 기억합니다.

성바오로출판사
편집장 서영필 안젤로 신부

이창훈 알폰소 (1959.10.05 ~ 2023.12.01)

가톨릭대학교 신학대학 및 대학원에서 공부했다. 한국천주교중앙협의회 편집부를 거쳐 1990년부터 가톨릭평화신문에서 기자로 일하며 취재부장과 편집국장을 지냈다.

엮은 책으로 『내가 선택한 가장 소중한 것』, 옮긴 책으로 『신약성서-영적 독서를 위한 루가 복음』, 『나쁜 가톨릭 신자의 착한 생활 가이드북』, 『신비 신학자 마이스터 엑카르트』, 『더 높이 올라』, 『제2차 바티칸 공의회로 가는 길』, 『하느님의 약속』 등이 있다.